Réflexions sur le théâtre

Paul Bourget
Henri Ghéon

© 2024, Paul Bourget, Henri Ghéon (domaine public)
Édition: BoD • Books on Demand GmbH, In de Tarpen 42,
22848 Norderstedt (Allemagne)
Impression: Libri Plureos GmbH, Friedensallee 273,
22763 Hamburg (Allemagne)
ISBN : 978-2-3225-3998-7
Dépôt légal : Septembre 2024

Première partie
Réflexions sur le théâtre[1].

I. Le public contemporain.

Quand on désire pénétrer dans ses sources profondes une œuvre dramatique, il faut d'abord se demander pour quel public elle a été composée. Un roman d'analyse, des vers intimes, un recueil de pensées peuvent avoir été conçus dans un silence entier de l'univers autour de l'écrivain, et les préoccupations de l'effet à produire n'avoir exercé aucune influence sur l'exécution. Il semble même que ce détachement soit la condition du talent et qu'une page de prose ou de vers ait d'autant plus de chances d'être belle que l'auteur ressent à l'écrire un plaisir plus désintéressé et ne pense pas au succès. Il n'en va pas ainsi lorsqu'il s'agit d'une pièce de théâtre, à tout le moins d'une pièce composée en vue de la scène. L'auteur ne s'est pas proposé alors de transcrire la beauté d'un songe intérieur, sous l'impérieuse contrainte d'un besoin d'expression littéraire. Son but est d'imposer à l'attention de deux mille personnes réunies dans une salle une peinture de mœurs ou de passions. Quelles mœurs, sinon celles que toutes ces personnes connaissent ? Quelles passions, sinon celles qui leur sont familières ? Écrire une pièce de théâtre, c'est donc établir comme une moyenne des opinions du public pour lequel on l'écrit. Pareil sur ce point à l'orateur, le dramaturge est une vivante synthèse des idées éparses dans une foule. C'est à la fois sa gloire et sa faiblesse. Comme l'orateur, il est sublime ou il est médiocre, suivant que son public est sublime ou médiocre. Vraisemblablement, Shakespeare n'eût pas rencontré dans la solitude de sa pensée l'énergie admirable de ses chroniques sur la guerre des Deux-Roses. Il était porté, quand il écrivait ces drames d'héroïsme et de fureur, par le souffle échappé à ce peuple anglais de la Renaissance avec lequel il vivait, si l'on peut dire, en communion. La parfaite politesse des tragédies de Racine, elle aussi, décèle la parfaite politesse des aristocratiques spectateurs pour lesquels le poète ciselait ses alexandrins. Il est probable qu'un auteur dramatique possède à là fois l'imagination des espaces et celle des sentiments. La première lui permet de *voir* les planches, les allées et les venues des acteurs, leurs entrées et leurs sorties. La seconde lui permet de *voir* les émotions qui, dans la salle, correspondent aux paroles, aux gestes, aux actions des personnages de la scène. Si cette hypothèse sur l'imagination des écrivains de théâtre se trouvait vérifiée, elle expliquerait du coup pourquoi le don naturel leur est nécessaire et d'une nécessité absolue. Il n'y a point d'éducation ni de volonté qui puisse amener dans l'intelligence la production d'images d'un certain ordre, si ces images ne surgissent point par une reviviscence instinctive.

Quand de nos jours un auteur dramatique compose une pièce, quel public a-t-il devant les yeux de sa pensée, suivant la forte et si juste expression du peuple ? Telle est la question à laquelle doivent répondre ceux qui s'intéressent à l'avenir de notre art dramatique français. Toute théorie qui néglige cette question-là est hors de la réalité. La réponse est bien simple au premier abord. Cet auteur vit d'ordinaire à Paris, et il *voit* des Parisiens comme lui ; il connaît le détail de leurs goûts et la qualité de leurs idées, en premier lieu parce qu'il est un d'entre eux ; puis il a comme un sens particulier qui lui permet de se créer à son usage une façon de spectateur imaginaire, en qui s'incarne la salle entière. Ces Parisiens arrivent au théâtre ayant travaillé toute la journée. Le nombre des oisifs est si petit qu'il disparaît dans le grand ensemble. Ces gens qui ont peiné les uns cinq ou six heures, les autres dix, dans un bureau, dans un magasin, à la Bourse, veulent s'amuser. Si vous leur apportez quelque comédie très profondément pensée ou quelque drame surabondant de lyrisme, peut-être subiront-ils la domination du talent, mais ce ne sera là qu'une exception. La littérature ne peut pas être l'objet d'un nouvel effort pour ces cerveaux qui se sont déjà fatigués au dur effort quotidien. L'auteur dramatique se figure donc ce public de neuf heures du soir. Le lustre est allumé. Le frémissement de l'impatience commence à courir le long des fauteuils d'orchestre et des loges. Combien rencontrerez-vous, parmi ces femmes dont les toilettes chatoient et parmi ces hommes en habit noir, de personnes capables de ressentir un plaisir purement littéraire ? Pour apprécier la place d'un mot, la nuance d'un style, l'originalité d'un point de vue, la finesse d'une analyse, il faut qu'une forte éducation première ait préparé l'intelligence ou qu'une pratique continue des livres en tienne lieu. Dans cette salle de théâtre, combien ont poussé leurs études au-delà d'un baccalauréat mal passé ? Combien ont lu, depuis vingt ans, autre chose que des journaux et des romans, et pour y chercher quelle provision d'idées ? Tout au plus des renseignements de politique ou la distraction pimentée d'une heure.

Si le Parisien, qui vient au théâtre, veut s'amuser, et s'il est peu capable de se complaire dans un amusement d'un ordre très intellectuel et très délicat, il est en revanche très capable de juger le degré d'habileté scénique, d'observation exacte et d'esprit dialogué que l'auteur a mis dans son œuvre. D'habileté, — car ce Parisien a l'habitude du théâtre, et son incompétence à l'endroit du style et de la philosophie se double d'une compétence très avertie à l'endroit des combinaisons d'événements qui constituent la mise en œuvre dramatique. D'observation exacte — car dans la formidable mêlée d'intérêts qui constitue la vie à Paris, notre homme a pris l'habitude et le goût d'une certaine dissection brève, mais sûre, qui va au fond des caractères et des situations. D'esprit dialogué, — car notre homme est exercé à dire et à entendre des « mots ». Il est lui-même spirituel et ironique, ou, pour employer la vieille formule toujours vraie, il est *blagueur*. Sa faculté poétique est à peu près nulle. Ce n'est pas lui qui partirait pour les Indes comme un habitant de Londres, avec un Shakespeare et une Bible dans sa valise. Par contre, ce Parisien est débarrassé de beaucoup de préjugés, et comme il est infiniment nerveux il demande qu'on lui traduise son positivisme pratique en formules d'une intensité nouvelle. Nécessairement aussi, et par suite de ce positivisme et de cet énervement, il aime les allusions libertines, la basse gaieté qui chatouille ce qu'il y a de plus sensuel dans l'animal humain. Pourvu que ce libertinage soit allègre, et cette gaieté assaisonnée d'esprit, ce spectateur est heureux, son cerveau se détend, sa rate s'épanouit. Tout cela, l'auteur dramatique le sait, — et qu'il faut, pour plaire a ces blasés, une extrême ingéniosité de procédés, de la vérité voire de la brutalité dans la mise à nu des passions, et une gouaillerie hardie du drogue pour achever le succès.

Une contradiction en apparence très singulière apparaît lorsqu'on a suivi les représentions théâtres pendant plusieurs années, et particulièrement étudié le public durant les chutes des pièces. Ces mêmes Parisiens que la grivoiserie de telle chanson d'opérette fait pâmer d'admiration épanouie, n'auraient pas assez de sifflets pour un auteur qui se permettrait de railler sur la scène les

« grands sentiments », comme on dit en langage de critique courante. Il a fallu que M. Alexandre Dumas déployât les plus secrètes ressources d'un talent prestigieux pour que la Visite de noces tînt les planches, — et qu'y était-il dit cependant, sinon que l'adultère est une chose vilaine et triste, terminée le plus souvent parle mépris de l'homme et par la haine de la femme ? Mais c'était dire aussi que l'amour est parfois une dangereuse duperie, et l'amour est au nombre des « grands sentiments ». Le patriotisme et la famille demeurent encore comme deux thèmes auxquels une salle de spectacle ne souffrirait pas que l'on touchât sans respect. L'écrivain qui traite, ces thèmes au contraire avec un enthousiasme, sincère ou joué, peut être assuré d'unanimes applaudissements. Le moraliste doit sourire de cette naïve anomalie. N'y a-t-il pas quelque naïveté en effet, et une étonnante inconséquence, à prétendre respecter son pays d'une part, lorsque, de l'autre, on ne respecte rien de ce qui fait la vigueur d'un pays : la chasteté des hommes, la grande et entière simplicité du cœur, le profond sérieux de la vie morale ? Mais le Parisien ne s'inquiète guère de concilier sa gouaillerie et ses générosités, ses heures cyniques et ses heures lyriques. Le défaut essentiel de notre race française est chez lui plus manifeste que chez tout autre. Il manque d'*idéalisme* — au sens philosophique et intime de ce mot — à un incroyable degré. Le besoin d'interpréter l'existence par une idée intérieure qui nous mette d'accord avec nous-même et avec l'univers lui demeure parfaitement étranger et presque inintelligible. Je ne doute point que même un tel reproche ne lui parût très extraordinaire. Comment aurait-on démontré aux Français de 1830 que les chansons de Béranger, avec leur mélange de sensualisme grossier et de déisme irraisonné, constituaient le plus misérable des compromis ? Saluer Dieu le verre à la main, célébrer dans un même couplet les appas de Lisette et la bonté indulgente du Très-Haut, était la mode de l'époque. Le pauvre Henri Murger, qui a écrit le *Manchon de Francine*, ce chef-d'œuvre de sensibilité malade, a renchéri encore sur l'auteur du Dieu des bonnes gens, en faisant de ce Dieu le complaisant témoin des baisers de Rodolphe et de Mimi, dans son *Requiem d'Amour*, où se trouvent d'ailleurs des strophes dignes de Henri Heine :

Embrassez-vous encor, je ne regarde pas,

est-il censé leur dire de *son balcon d'azur !* Ce sont des phrases inexplicables sinon par une altération du sens des mots, produite elle-même par une altération des idées philosophiques.

Encore une fois, les Parisiens de 1882 n'ont pas changé sur ce point. Ils ne chantent plus du Béranger, mais ils sont bien les fils de ceux qui avaient dénommé ce médiocre poète le chansonnier national, et ils ont gardé en, eux, vivantes et durables, les deux tendances contraires que j'ai signalées. Ces deux tendances, l'homme qui écrit pour le théâtre les connaît bien, et il en tient soigneusement compte. Il sait leurs conséquences logiques, et pour réussir il va jusqu'au bout de ces conséquences. Le Parisien veut s'amuser, donc il ne faut pas le laisser sur une impression trop amère. Le Parisien veut que les grands sentiments soient respectés, donc il ne faut pas que les héros ou les héroïnes coupables triomphent trop complètement. C'est ainsi qu'une moyenne de moralité s'établit, sur laquelle il y aurait beaucoup à dire. Peut-être cette hypocrisie est-elle plus immorale à elle seule que les pires outrances des pires paradoxes. Ce qu'il y a de certain, c'est que pas un auteur n'a osé la braver, — exception soit faite pour M. Dumas dont l'œuvre doit toujours être considérée à part, tant elle est personnelle et unique dans ses meilleures pages : *l'Ami des femmes, la Femme de Claude, la Visite de noces.* On sait d'ailleurs quel succès accueillit les deux premières de ces pièces.

Ces quelques traits généraux de la physionomie du public pour le plaisir duquel travaille l'auteur dramatique auraient besoin d'être complétés par des traits plus particuliers. A chaque période de deux ou trois années correspondent certaines passions politiques et religieuses. L'écrivain dramatique en tient parfois compte pour son malheur, témoin un *Daniel Rochat* M. Sardou, — ou pour son bonheur, témoin un *Quatre-vingt-treize* Hugo. A des périodes un peu plus longues correspondent certaines vogues d'artistes, qui exercent une influence décisive sur la conception des rôles. Tel acteur est, à tel moment, pour un auteur, une série d'effets assurés sur le public. Il faut donc écrire à l'usage de ce comédien en vogue un rôle qui soit exactement dans ses moyens et qui lui permette de produire tous ses effets. L'écrivain incarne alors sa jeune première sous les traits de Mme Judic ou son jeune premier sous les traits de M. Delaunay, — je prends au hasard ces deux noms que me suggèrent de récents triomphes. — Qui pourrait analyser l'influence d'un interprète aimé du public sur l'imagination des auteurs dramatiques composerait un curieux chapitre d'histoire littéraire. Il ne faut pas croire que cette influence soit toujours mauvaise. En définitive, un acteur qui réussit longtemps et beaucoup n'obtient cette sorte de dictature sur la foule qu'à la condition d'incarner un certain type idéal que le public retrouve en lui. Son jeu résume certaines façons de comprendre les passions ou les mœurs qui flottent dans l'air de l'époque. Observer ce jeu, c'est donc observer l'époque entière, indirectement il est vrai, et comme en un miroir qui en déforme un peu l'image, mais cette observation est parfois féconde. C'est en tout cas une des manières dont l'auteur dramatique se conforme au goût du public et une des manières dont le public influe sur l'auteur dramatique.

II. La psychologie au théâtre

Quand on a remarqué l'influence du grand public sur les auteurs dramatiques de notre époque, il est curieux de constater comment cette influence les conduit à se mettre en désaccord absolu avec cet autre public tout restreint qui est celui des lettrés : prosateurs raffinés ou poètes délicats, faiseurs de romans ou forgeurs de sonnets. Il suffit pour faire cette constatation d'être assis à une table d'un café à Montmartre ou sur le boulevard, dans un fumoir de jeune écrivain ou dans un atelier de peintre, partout, enfin, où se parlent des feuilletons d'une saveur de critique dont les plus alertes chroniqueurs ne donnent pas l'idée. Fervents du naturalisme et dévots du Parnasse s'entendent avec une rare unanimité à refuser tout talent aux pièces les plus acclamées. Il est probable que les triomphateurs de la scène, forts des applaudissements écoutés et des sommes encaissées, se soucient peu du déchet littéraire qu'ils peuvent ainsi subir au regard d'écrivains dont la plupart débutent. En cela, ces triomphateurs ont à la fois raison et tort. Raison, car les intransigeants de cette critique parlée ont soin de gâter leurs théories les plus justes par leur excès. Tort aussi, car ce divorce absolu entre les écrivains du livre et ceux du théâtre est un fait nouveau qui atteste que le théâtre actuel ne répond pas suffisamment aux besoins artistiques de l'époque. Ce divorce est si profond, qu'il s'est produit, parmi la jeunesse littéraire qui grandit, une véritable hostilité contre la forme dramatique. L'insuffisance de nouvelles pièces signées de nouveaux noms ne provient pas d'autre cause. Sauf exception, un passionné de lettres s'attaquera aujourd'hui, pour son coup d'essai, à un roman ou à un recueil de vers bien plutôt qu'à un drame ou à une comédie. La difficulté de la représentation de l'œuvre scénique n'entre que pour peu de chose dans cette préférence. Car les avantages matériels du succès au théâtre compensent les difficultés et les font disparaître aux yeux du débutant qui rêve la gloire et la fortune. Les raisons sont plus profondes et valent qu'on les expose. Je voudrais dire celles que je vois nettement.

Le dix-neuvième siècle est un âge de science. C'est là une thèse répétée si souvent qu'elle en est banale. Et comme tout se tient des productions d'une époque, parce que la même idée maîtresse domine les intelligences dans leurs diverses applications, la littérature du dix-neuvième siècle est une littérature de science. Cela signifie que le goût de la notation exacte est le trait commun aux maîtres de ce temps. Formé et fond, sous l'influence de ce besoin sans cesse avivé d'exactitude, considérez comme l'art d'écrire s'est petit à petit rapproché de la sociologie avec le roman de mœurs, de la psychologie avec celui d'analyse. Pour être plus exacts, les romanciers ont introduit dans leurs récits soit des descriptions minutieuses comme des inventaires, soit une anatomie mentale des personnages, jusqu'alors inconnue ou du moins négligée. Pour être plus exacts, les poètes objectifs ont doublé leurs poèmes historiques d'une consciencieuse étude des livres spéciaux, et dans leurs poèmes intimes poursuivi la sincérité jusqu'au cynisme. C'est en vue d'une exécution plus exacte que les prosateurs ont semé leurs phrases de termes techniques et les versificateurs brisé le rythme des alexandrins, de manière à serrer de tout près le contour réel des objets à peindre. Les « Zeus » et les « Odysseus » de M. Leconte de Lisie, les « architraves » et les « linteaux » de Théophile Gautier, comme les interminables catalogues de Balzac, comme les hypothèses nosographiques de Michelet, — je prends les exemples pêle-mêle, — procèdent de cette même soif, avouée ou involontaire : un besoin de rigueur scientifique et de constatation vérifiée.

Des trois principales formes de la littérature d'imagination : la forme poétique, la forme romanesque, la forme dramatique, il semblait que la dernière dût s'accommoder de préférence à ce goût singulier d'exactitude. Le théâtre n'a-t-il pas été considéré de tout temps comme la peinture vivante des caractères, c'est-à-dire comme une psychologie en action ? L'événement a montré cependant qu'il n'en allait pas ainsi. Renouvelé par Balzac et Stendhal, le roman foisonne en œuvres renseignées fournies de menus faits comme un mémoire de naturaliste. Renouvelée par dix auteurs de grand talent, la poésie analytique abonde en recueils d'une saveur inédite et toutes les nuances de l'âme moderne s'y trouvent reproduites en des vers merveilleux de subtilité, depuis le libertinage nostalgique d'un Baudelaire jusqu'à la mélancolie métaphysique d'un Sully-Prudhomme. Le théâtre, lui, est allé se rétrécissant de plus en plus, multipliant à l'infini les combinaisons d'un petit nombre de types une fois découverts. M. Dumas mis à part, comme un novateur que nul n'a suivi, tous les autres auteurs n'ont su, avec cette forme rebelle, qu'établir des œuvres de psychologie moyenne, telle que *le Gendre de M. Poirier*, ou qu'aboutir à des soutenances de thèses et à des escamotages de scène. La complication mécanique, si l'on peut dire, est arrivée à son perfectionnement suprême, mais d'œuvres que le lettré puisse « sucer comme une fleur », suivant le mot de Byron, de ces œuvres qui se reprennent et se reprennent encore dans la solitude des soirées ou des matinées pour en nourrir son cœur et redoubler en soi le sentiment de la vie morale, — de ces œuvres enfin qui passent dans la substance de l'âme de celui qui les aime, — est-ce illusion ou parti pris ? j'avoue que j'en cherche et que je n'en trouve guère. Si l'on excepte des chefs-d'œuvre, comme *la Visite de noces* et *l'Ami des femmes*, quelques pièces exquises d'ironie signées des noms de MM. Meilhac et Halévy, quelques comédies supérieures, comme *la Parisienne* de M. Becque, mon humble avis est que dans une cinquantaine d'années c'est par nos romans et nos volumes de vers que nous comparaîtrons devant ceux qui nous auront succédé. C'est dans ces romans et dans ces vers qu'ils trouveront notre goût particulier de l'existence. C'est par ces romans et par ces vers que nous avons fait notre psychologie et celle des hommes de notre race.

Les causes abondent qui expliquent pourquoi, psychologique comme elle l'est, la littérature du dix-neuvième siècle ne pouvait que malaisément trouver une formule théâtrale qui lui convînt. Le théâtre est constitué par l'action. Il la veut énergique et il la veut rapide. Or, la vie moderne, au moins en France, rend de plus en plus rares les hommes qui agissent de cette action-là. L'hérédité nerveuse, l'éducation complexe, la douceur relative des mœurs tendent à faire de nous des êtres de réflexion ou de rêverie. Il y a du Hamlet dans chacun de nous, de ce prince douteux, inquiet, qui raisonne au lieu de frapper, et chez qui l'événement extérieur n'est qu'un contre-coup très diminué de l'événement intérieur. Un tel personnage est tout à sa place dans un roman. Une série de poèmes lyriques conviendra bien encore pour reproduire l'ondoiement de sa pensée solitaire. Il a fallu le génie de Shakespeare et la richesse de procédés familière au drame du seizième siècle anglais pour qu'un pareil héros tînt les planches. Puis la créature humaine est de nos jours domestiquée, si l'on peut dire. La lutte pour la vie ayant été soumise à une réglementation sociale de plus en plus stricte, nous sommes tous ou presque tous des êtres d'habitude, subissant un métier et profondément modifiés par lui. Dans l'existence de la plupart des Français d'aujourd'hui, il n'arrive aucune espèce d'événements. C'est pour démontrer cette vérité que Flaubert a composé sa plus douloureuse étude : *l'Éducation sentimentale*, — cette histoire d'une attente de plus de trente années, Pour peindre des hommes qui vivent ainsi une vie toute en détails infiniment petits, toute en impressions sans crises aiguës, il faut une accumulation d'observations infiniment petites. Car une accumulation d'influences en apparence négligeables, en réalité très importantes par leur répétition et leur persistance, a façonné l'employé qui se rend à son bureau, la femme du monde qui tient un salon, l'ouvrier qui travaille dans son atelier. A rendre cette accumulation d'influences, le roman et la poésie excellent. Laissant de côté *l'Éducation*, qui peut paraître excessive par son parti pris de vaste fresque sans morceau central, prenons comme types la *Madame Gervaisais*, des frères de Goncourt, et *les Fleurs du mal*, de Baudelaire. Les Goncourt, pour marquer l'envahissement de l'âme de la femme philosophe par la dévotion, Baudelaire pour caractériser un spleen si maladivement spécial, ont comme tenu un journal des heures et des minutes. Ce sont les passagères, les vagues, les mystérieuses demi-teintes de la sensation et du sentiment qu'ils étiquètent en une série de notules juxtaposées. Comme les innombrables pierres d'une mosaïque, ces notules se complètent les unes les autres et font dessin. Une nature entière se révèle à nous, avec le petit frisson quotidien qui lentement la modifie. Comment, avec le dialogue pour seul outil, l'auteur dramatique arriverait-il à rivaliser, sur ce point, le poète ou le romancier ? Il ressemble à un peintre de plafond obligé d'encadrer des anatomies compliquées dans le raccourci d'un caisson. Même quand ce raccourci est exécuté avec une puissance qui tient du prodige, — ainsi le de Ryons de *l'Ami des femmes*, — le personnage cesse d'être entièrement intelligible au public. Ses mots sont trop chargés de sens, et la pièce, au lieu d'être jouée, devient un livre, un roman dialogué auquel manquent seules les descriptions.

La qualité du style crée à l'auteur dramatique soucieux de psychologie une difficulté de plus. Ceux qui ont étudié de près un ou deux styles de grands écrivains savent que le rapport seul des mots révèle une sensibilité entière. Il y a des syntaxes énervées, il en est de musclées, il en est de violentes et de douces. Une phrase de Gautier par sa structure un peu massive mais sereine, une phrase de Stendhal par son allure vive et détachée, une phrase de Saint-Simon par ses enragées surcharges d'incidentes, montrent tout un homme. « Il est vraisemblable que le don d'écrire s'accompagne toujours du don d'entendre une petite voix intérieure qui dicte la phrase. Faire passer l'accent de cette voix dans les mots, c'est proprement avoir du style, et ainsi compris, le style devient en effet un élément de psychologie d'une extraordinaire valeur. Voilà qui est rendu singulièrement difficile à l'auteur dramatique, lequel doit écrire d'abord un langage parlé haut, puis un langage qui serve à une action déterminée, qui soit celui de personnages, pour la plupart vulgaires et médiocres. Ne cherchez pas un autre motif à l'étonnante insuffisance de style qui se remarque chez tant d'auteurs applaudis sur la scène contemporaine. Ils n'ont pas su se créer un dialogue à la fois très vivant et très littéraire, comme Molière, comme Beaumarchais, comme M. Dumas chez qui la portion dialoguée de l'œuvre est plus *écrite* que les fameuses préfaces et que les romans.

Ces causes et d'autres encore — telles que les exigences, notées plus haut, d'un public qui va au spectacle pour s'amuser, telles que les tyrannies des acteurs en vogue qui commanderaient volontiers à l'écrivain un rôle à leur taille ainsi qu'un habit à leur tailleur, — ces causes, dis-je, ont empêché que le théâtre ne prît, en notre âge de psychologie, un développement psychologique comparable au développement de la poésie et du roman. M. Zola, au cours de sa campagne violente, mais souvent trop justes de chroniqueur dramatique, n'a guère fait, comme je le montrerai à propos du recueil de ses articles, que répéter cette accusation. Peu osent avouer qu'il a raison, et c'est cependant le thème courant des causeries entre lettrés, dans un certain groupe d'indépendants. A ces causes d'ordres divers, il convient d'en ajouter une autre qui fait l'orgueil des auteurs dramatiques ; pourtant, cette cause-là est plus stérilisante pour le théâtre que toutes les autres réunies : c'est le souci exagéré, j'allais dire la manie de la beauté technique Riche Donnay l'Amoureuse Amants.

Il y a en effet, dans chaque partie de l'art, une beauté technique. Elle réside tout entière dans un tour de main difficile, le plus souvent inintelligible au profané, qui ravit les initiés et atteste une science achevée de l'exécution. Pour la peinture, cette beauté technique consistera dans la valeur des tons. Une couleur allume ou éteint une autre couleur. L'initié trouve un plaisir délicieux dans ces jeux de lumière qui, sous le pinceau de certains peintres contemporains, procurent à l'œil l'impression d'une vie de la clarté sans forme. Pour la poésie, cette beauté technique consistera en un rapprochement de syllabes douces à l'oreille, et balancées avec une harmonie qui fasse chanter le vers, Gautier disait que Racine n'avait rien écrit de plus beau que cet alexandrin :

La fille de Minos et de Pasiphaé...

Et ce vers est vraiment d'une réelle beauté technique, avec la longueur du dernier mot, le charme de l'hiatus qui le termine, le nombre qui en rythme toutes les syllabes. Pareillement le nombre fait la beauté technique de la prose, et certains écrivains, comme Flaubert, ont martyrisé leur style pour l'obtenir. Au théâtre, la beauté technique paraît consister dans l'art de couper les scènes. Telle entrée ou telle sortie qui, au regard du spectateur, semble naturellement amenée, est un chef-d'œuvre de combinaisons et revêt une beauté technique incomparable au regard du connaisseur. Je disais plus haut que le théâtre peint en raccourci. Mettons que la beauté technique réside dans la perfection de ce raccourci, et nous comprendrons la valeur de ces formules quasi cabalistiques qui résument le jugement des auteurs dramatiques, des directeurs et des feuilletonistes expérimentés, sur une scène quelconque d'une pièce nouvelle : « Ceci est du théâtre, — ceci n'est pas du théâtre... » Il y aurait quelque naïveté à s'inscrire en faux contre cette conception. Il y a, ce me semble, quelque réserve à faire contre son excès.

Il est arrivé, en effet, aux auteurs dramatiques contemporains, — comme à beaucoup d'artistes d'ailleurs, dans notre âge d'énervement, — qu'à force de s'intéresser à la qualité technique de leurs œuvres, ils en ont négligé de plus en plus la qualité vivante. Ils se sont souciés beaucoup moins de poser sur les planches des hommes réels et de montrer des intérieurs d'âmes, que de faire courir prestement et comme prestigieusement, sur ces mêmes planches, des personnages devenus de simples prétextes à jeux de scènes. Les plus forts ont dû, pour ne point paraître inférieurs en dextérité aux moins vigoureux, mutiler leur observation, couler leur pensée dans un moule chaque jour plus rétréci, faire de chacune de leurs pièces en même temps une étude de psychologie et un tour de force. Quoi d'étonnant s'ils n'ont pu aller aussi avant dans l'étude de l'homme que ceux de leurs confrères qui, libres, audacieux, ne relevant que d'eux-mêmes, poursuivaient en pleine indépendance du livre cette même besogne d'analyse morale, la gloire et l'œuvre propre de notre temps ?

La conclusion de ces notes, forcément incomplètes et dépourvues des exemples qui feraient démonstration, c'est qu'un avenir admirable paraît réservé aux auteurs nouveaux qui assoupliront l'art dramatique au point d'y introduire autant d'observation que dans le roman ou dans la poésie. Toutefois un, pareil assouplissement est-il possible ? En considérant l'histoire littéraire, on reconnaît que les genres sont, comme les races, soumis à des lois de développement et de décadence inévitables. Peut-être la forme dramatique n'est-elle guère compatible avec cet esprit d'analyse qui est l'allure même de notre époque. En pareil cas, le théâtre serait destiné, sinon à disparaître, du moins à devenir de plus en plus quelque chose de composite et de bâtard, un divertissement des yeux et de la curiosité, mais aussi quelque chose de tout à fait en dehors du grand mouvement littéraire. Il y a bien des signes qui révèlent cette décadence momentanée aux craintes des observateurs désintéressés. Néanmoins une génération ne doit jamais renoncer à une forme littéraire sans avoir combattu pour la garder. C'est pourquoi le dédain de Gautier, de Saint-Victor et de leurs amis pour les comédies ou les drames dont ils rendaient compte était aussi funeste qu'il était magnifique. L'auteur du *Demi-Monde* n'est-il pas là pour attester que les plus hardis problèmes de psychologie personnelle et sociale peuvent être traités en pleine scène ? Seulement, trop peu de personnes travaillent aujourd'hui dans cette direction…

III. De l'emploi des vers au théâtre

Cette question du style au théâtre, quand on la soulève devant des passionnés d'art dramatique, ne manque jamais d'aboutir à cette phrase ou à quelque autre, mais très analogue : « Et le théâtre en vers, qu'en faites-vous ? » Et si vous hasardez cette réponse qu'à tout le moins la plupart des comédies en vers jouées au Théâtre Français depuis trente ans étaient écrites en très médiocres vers, ce qui tendrait à prouver que ce genre n'est plus guère vivant aujourd'hui, on ne manque pas de vous citer les grands noms de Molière et de Regnard… En effet, devons-nous la considérer comme à jamais morte, cette comédie en vers dont quelques chefs-d'œuvre sont demeurés à la scène, si vivants encore, si jeunes, si évidemment adaptés à l'essence du génie de notre langue qu'il semblait que ce fût là un genre français entre tous ? Oui, Molière a écrit en vers des comédies de mœurs bourgeoises ; et, sans rien sacrifier de la réalité de l'observation, il a su donner à ces vers un relief inoubliable. Le rôle d'Arnolphe, dans *l'Ecole des femmes*, pour nous borner à un exemple des plus célèbres, est enlevé d'un bout à l'autre avec une dextérité d'exécution véritablement délicieuse. Pas une fois, tout au long des cinq actes que dure ce drame de vie moyenne, Molière ne descend jusqu'au prosaïsme, et il ne sacrifie à la beauté du style aucun des traits qui peuvent pousser en avant l'action ou montrer le fond du cœur de son personnage. Voilà certes, des vers de théâtre s'il en fut, et qui osera dire que ce ne sont point d'admirables vers ? Qui n'a entendu avec émotion le malheureux répondre à la plainte naïve d'Agnès :

Hélas ! vous le pouvez si cela peut vous plaire,

par la tirade célèbre :

Ce mot et ce regard désarme ma colère,

> Et produit un retour de tendresse de cœur
> Qui de son action efface la noirceur.
> Chose étrange d'aimer ! Et que pour ces traîtresses,
> Les hommes soient sujets à de telles faiblesses !...

Qui n'a lu et relu avec attendrissement les scènes familières où la jeune fille raconte avec cette ingénuité si terrible à son interlocuteur qu'Horace l'aime tant...

> Oh ! tant ! Il me prenait et les mains et les bras
> Et de me les baiser il n'était jamais las !

Mais quand on essaye d'analyser les procédés à l'aide desquels Molière obtient ses effets de poésie dramatique et franche, on découvre que, bien loin de démontrer la possibilité de comédies modernes écrites en vers, ces chefs-d'œuvre du vieux maître marquent seulement combien les conditions de théâtre ont changé depuis deux cents ans. Et d'abord la valeur des mots a subi une altération. Au dix-septième siècle, tous les termes du langage possédaient une plénitude neuve du sens. Ils étaient comme ces pièces récemment frappées, dont nulle usure n'a effacé l'effigie ou terni l'éclat Une force de style en résultait, que nous pouvons comprendre, mais non pas imiter, car les mots ont duré depuis lors, ils ont servi et leur qualité s'est modifiée. Rien que par un juste accord de ces termes pleins de sève, Molière obtenait des effets intenses que les modernes n'égaleront jamais. C'est la différence qui sépare les écrivains de la jeunesse d'une langue et les écrivains de la maturité vieillissante de ce même idiome. Ajoutons que Molière, comme tous les observateurs de son époque, aperçoit dans l'homme le côté moral et intellectuel et qu'il n'aperçoit que ce côté. Il ne s'attache pas à dégager et à reproduire l'influence du métier sur le personnage qu'il met en scène. Sa psychologie demeure typique et générale. Il ne se heurte pas à l'écueil du menu détail quotidien, ou, s'il le rencontre, il se tire d'affaire par cette gaillardise de la phrase qui s'en est allée de nos livres avec le temps et qui ne sera pas plus retrouvée que le sens intact des mots encore tout voisins de leur racine. Notons enfin que, dans Molière, l'action de la comédie est réduite à son expression la plus simplifiée. La fable est si largement conçue que l'art des transitions, cette difficulté capitale des casse-tête du théâtre actuel, est quasi nulle. Une langue dont le métal est vierge, des personnages dont le caractère est tout en passions générales, une intrigue dont les péripéties sont presque naïves de bonhomie, voilà, semble-t-il, les conditions favorables qui ont permis à Molière et à ses imitateurs d'écrire des comédies en vers, sans encourir le reproche également redoutable de trivialité prosaïque ou de préciosité lyrique. Un auteur d'aujourd'hui peut-il se placer dans des conditions pareilles autrement que par un tour de force d'archaïsme ?

L'intrigue d'abord ne saurait plus être traitée avec cette hardiesse de facture qui se soucie peu de la vraisemblance. Croyez-vous de bonne foi que cet auteur d'aujourd'hui se risquerait à fonder cinq actes sur le *quiproquo* qui sert de base à *l'École des femmes* ? Arnolphe a imaginé de se nommer pompeusement Monsieur de la Souche.

Qui diable vous a fait ainsi vous aviser

A quarante-deux ans de vous débaptiser,

Et d'un vieux tronc pourri de votre métairie

Vous faire dans le monde un nom de seigneurie ?...

lui dit Chrysalde. Et le noble de fraîche date pourrait répondre : — « Tout simplement afin qu'Horace, trompé par ce nom de M. de la Souche, ne devine pas que je suis le tuteur d'Agnès et me conte par le menu son intrigue avec la pauvre innocente. » — A tort ou à raison, le public de notre époque a d'autres exigences sur le chapitre de ce que l'on pourrait appeler la logique matérielle d'une pièce de théâtre, comme il a d'autres exigences sur la psychologie des personnages. Les types généraux ont, en effet, fourni matière à des études définitives. Nos prédécesseurs, Molière en tête, ont peint d'une façon incomparable l'Avare, l'Hypocrite, le Séducteur. Nous ne pouvons pas toucher après eux à ces figures. Mais nous pouvons, dans les espèces morales dont ils ont ainsi marqué les traits essentiels, distinguer des groupes et définir ces groupes par des traits particuliers. Lorsque Balzac a conçu le père Grandet après que Molière avait conçu Harpagon, il s'est bien gardé de refaire *l'Avare*, il a voulu étudier et il a étudié un certain avare, dans un certain milieu. Ce n'est pas une scène de la vie de tous les temps qu'il s'est proposé de représenter, c'est une scène de la vie de province au dix-neuvième siècle ; et, avec ce principe de la spécialisation de plus en plus profonde des individus, il a renouvelé la psychologie littéraire. Il en résulte qu'à l'heure présente un auteur dramatique peut difficilement mettre sur les planches un personnage de notre société sans lui donner un métier et sans tenir compte des influences de ce métier sur sa sensibilité. Mais comment reproduire en vers qui ne soient pas entachés de prosaïsme le fonctionnement de ce métier ? On a cité souvent, pour le bafouer, ce distique, de Ponsard, je crois :

Mon ami, possesseur d'une papeterie,

A fait avec succès appel à l'industrie…

Comment l'écrivain aurait-il pu exprimer la même idée en d'autres termes ? Et comment, s'il ne l'avait point exprimée du tout, aurait-il expliqué avec la précision la conduite de son personnage, homme du monde ruiné qui refait sa fortune ?

Les mots enfin dont l'écrivain de nos jours se sert pour établir ses phrases n'ont plus cette valeur entière qu'ils avaient encore au temps de *l'Ecole des femmes*. Ils sont détériorés par l'usage. Leur sens n'est plus direct et simple, comme il était alors. Les uns sont devenus veules et plats, qui, à l'époque de Molière, étaient riches de suc et de signification. D'autres sont surchargés de nuances et ils ont besoin d'être employés avec beaucoup d'art. L'idiome tout entier s'est transformé ou, si l'on veut, déformé. Écrire aujourd'hui est devenu un travail très compliqué et qui exige une sensibilité très réfléchie. Ceux qui se plaignent de cette complication et qui demandent que l'on en revienne à la prose de Voltaire ou à la poésie de Molière ne me paraissent pas tenir compte de cette détérioration organique des mots, si l'on peut dire, — détérioration que les curieux de littérature constatent, et que les philologues expliquent par les lois générales de la vie du langage. Dans ce problème particulier de la versification qui nous occupe, il est aisé de constater le moment où les poètes se sont aperçus que le vers du dix-septième siècle cessait d'être un vers. Ça été le point de départ de la révolution romantique. Petit à petit, les mots dont s'étaient servis Racine, Boileau, Molière lui-même, avaient dépouillé leur force. Ils s'étaient comme vidés de leur substance. Cela faisait un vocabulaire incolore, et qu'à tout prix il importait de renouveler, de même que le vers auquel ce vocabulaire avait communiqué sa faiblesse devait être repris et remanié. Ainsi s'est élaborée une poétique nouvelle dont il faut mettre en lumière quelques principes essentiels, pour examiner avec plus de précision les rapports de ce vers nouveau et de l'art dramatique.

    Le vers moderne se distingue du vers du dix-septième et de celui du dix-huitième siècle par un caractère qui saute aux yeux les moins perspicaces : il est infiniment plus loin de la prose. Il constitue vraiment un langage spécial, comme la musique et la peinture, par suite assez malaisé à comprendre sans une certaine initiation. Les éléments de ce langage spécial consistent en deux principaux : l'importance de la rime est plus considérable d'une part, et d'autre part, les poètes s'étudient à donner une vie plus indépendante à chacun de leurs vers. Si l'on étudie une page du grand manieur d'alexandrins de notre âge, Victor Hugo, l'on trouvera que les mots essentiels de la phrase sont placés à la rime et font comme une articulation visible à la période poétique La Fontaine Hugo ; l'on trouvera que beaucoup de vers forment un tout isolé, grâce à des rapports inattendus de mots, grâce à une harmonie très savante des syllabes, surtout grâce au choix d'un vocabulaire très pittoresque. Ce sont là, si l'on peut dire, des procédés de relief qui rendent au métal avili de la langue un peu de sa valeur ancienne. Comme un peintre éveille un ton qui serait terne en posant à côté un ton qui l'avive, le poète a soin de rajeunir, par la position, les termes éteints et fatigués. Que cette manière d'écrire présente des dangers, cela est indiscutable. Ce qui ne l'est pas moins, c'est qu'aucun poète de ce temps n'a eu du talent en vers avec d'autres, procédés, — pas même Alfred de Musset, dont l'apparente négligence est une coquetterie de virtuose. — Et les connaisseurs ne s'y laissent pas tromper.

 Quand un type de vers a été trouvé, il entre, si l'on peut dire, dans l'usage commun, et les écrivains essayent de l'adapter à toutes les variétés du travail littéraire. Rien qu'à considérer les éléments du vers moderne, tels que j'ai tenté de les définir, il est facile de comprendre qu'il doit être un outil excellent pour certaines besognes et un très mauvais outil pour d'autres. Comme il est constitué par la saillie de la rime et par la beauté pittoresque de l'expression, le vers moderne convient merveilleusement à la transcription poétique des objets visibles. Il est résulté de cette convenance que les poètes de nos jours ont été supérieurs dans ce que l'on nommait autrefois le genre descriptif. Je ne crois pas que dans aucune littérature on rencontre des paysages plus complètement montrés que ceux de M. Leconte de Lisle, par exemple. Ce même vers s'est aussi trouvé, toujours par la qualité de sa rime et par sa recherche du rythme, s'adapter très bien à la musique du genre lyrique, et que de noms se pressent sous la plume, depuis ceux de Victor Hugo et de Lamartine jusqu'à ceux des derniers venus, noms de poètes ayant écrit des stances d'une mélodie inconnue en France depuis Ronsard et la pléiade ! Il y a des couplets de Théophile Gautier, comme celui qui commence :

Les ramiers sur le toit roucoulent,
Roucoulent amoureusement.

dont on pourrait dire ce que Henri Heine disait des chansons de Gœthe, que c'est un baiser mis sur notre âme. Et en même temps ce vers moderne s'est trouvé capable de reproduire les plus subtiles analyses du rêve intérieur. Attribuant une vie indépendante aux mots, il s'accommode aux nuances les plus fines, les plus minutieuses de la sensibilité. Le Maître des *Solitudes* et des *Epreuves*, M. Sully-Prudhomme, a donné des modèles achevés de ces analyses poétiques. On aurait à citer cinquante de ses petits poèmes où une forme, savante jusqu'au raffinement, rend palpables et perceptibles des sentiments raffinés jusqu'à la ténuité. Enfin, ce même vers moderne est devenu, entre les mains d'un artiste très habile, M. Théodore de Banville, un extraordinaire instrument de fantaisie et de caprice. Il a suffi à l'auteur des *Odes funambulesques* de tirer de la richesse paradoxale et de l'imprévu des rimes des effets de comique tout à fait nouveaux. On se rappelle les triolets sur Abd-el-Kader :

Bugeaud veut prendre Abd-el-Kader,

A ce plan le public adhère...

et tant d'autres menues pièces d'une tintinnabulation de syllabes si amusante à l'oreille. On voit, par ce bref résumé de l'effort de ces cinquante années, que la rénovation romantique a été des plus fécondes dans la poésie descriptive et lyrique, intime et personnelle, capricieuse et funambulesque. En a-t-il été de même au théâtre ?

Il ne fallait pas beaucoup d'effort pour comprendre que le vers moderne est trop *écrit* et que c'est là un défaut considérable pour le théâtre d'action et pour le théâtre de vie moyenne. L'action rapide s'accommode mal des rehauts énormes d'expression, et, comme on sait, la plus grande affaire du plus grand poète dramatique des temps nouveaux, Shakespeare, fut d'assouplir autant qu'il put le vieux vers anglais en y introduisant l'enjambement, en supprimant la rime, en augmentant d'une syllabe facultative le nombre des pieds. Pareillement la vie moyenne est laite d'habitudes médiocres, de sensations insignifiantes, dont une notation trop soulignée déformerait la perspective. L'expérience a démontré qu'en fait les poètes de l'école moderne n'étaient capables que de composer des drames lyriques, comme *l'Hernani* de Victor Hugo ; des tragédies archaïques, comme *les Erinnyes* de M. Leconte de Lisle ; des comédies romanesques, comme *le Passant* de M. François Coppée, ou des bouffonneries comme *le Tricorne enchanté* de Théophile Gautier Cyrano Rostand ; — mais un grand drame vivant qui aille et vienne sur la scène comme une créature, mais une comédie moderne qui serre de près la réalité de nos passions contemporaines, — cela, ils n'ont point réussi à le faire. J'ajouterai même qu'ils ne l'ont guère tenté. Il me semble que l'instrument dont ils se servent, pour les mêmes raisons qu'il est très habile à d'autres ouvrages, est inhabile à celui-là.

La grande erreur des poètes de l'école du bon sens — gardons-leur le nom qui les étiquetait voici vingt années — me paraît avoir résidé en ceci surtout qu'ils ont méconnu l'usure du vers ancien. Ils ont poursuivi la vaine chimère d'écrire à la façon de Molière et de Regnard, avec une langue fatiguée et qui avait perdu sa verdeur, sur des sujets qui ne comportaient pas la forme rythmique. Ils sont arrivés à ces étranges combinaisons de syllabes dont les jeunes écrivains se sont tant gaussés :

Tu nous feras, tu sais, ce machin au fromage

Et combien d'autres alexandrins de cette venue auraient mérité d'enrichir le volume de notes que Flaubert voulait ajouter à son *Bouvard et Pécuchet*, pour y colliger tous les illustres exemples de mal écrire ! En revanche, lorsque les poètes de l'école du bon sens accusaient le vers nouveau d'être impropre à la comédie moderne, ils n'avaient pas tort. Seulement, que prouve ce reproche ? Rien autre chose, sinon que chaque forme de pensée a sa forme de phrase qui lui correspond. La vie contemporaine, avec sa mêlée de passions et d'intérêts, avec la grosse surcharge de la question d'argent, a son expression toute trouvée dans une prose complexe et multiple qui enregistre des chiffres et qui se permette des termes d'argot, qui aille jusqu'à la technicité scientifique, et qui cependant, à de certains moments, module un chant ou montre un paysage. Cette prose-là est celle du roman moderne, elle sera celle du théâtre s'il vient un homme qui reprenne vaillamment la révolution commencée par M. Alexandre Dumas, le premier qui ait tenté pour la scène ce que Balzac a tenté pour le roman. Les poètes feront, eux, leur œuvre de poètes en écrivant des drames, des tragédies et des comédies lyriques. La part est assez belle pour qu'ils s'y tiennent.

IV. Le naturalisme au théâtre Zola.

Ce nouveau volume de M. Zola n'est pas tout à fait inédit. C'est la réunion, sous couverture jaune, des principaux articles donnés par l'auteur des *Rougon-Macquart*, au temps où il écrivait le courrier dramatique dans les journaux *Le Bien public* et *le Voltaire*. C'était un assez étrange courriériste que M. Émile Zola et qui se souciait peu d'analyser les vaudevilles de la semaine. Les lecteurs du journal risquaient fort, après avoir parcouru les six ou douze colonnes signées de son nom, d'ignorer si le jeune premier épousait ou non la jeune première. En revanche, ils acquéraient à cette lecture l'inquiétude de quelques problèmes littéraires. Ils rencontraient sur le *Credo* dramatique de notre époque des questions nouvelles et qui réclamaient une réponse. M. Zola, très incomplètement connu dans le tapage de sa réputation, est une espèce de philosophe qui développe avec une extrême logique les conséquences, de deux ou trois idées initiales. Son système a été dénommé, par lui et ses amis, le naturalisme, assez maladroitement, à mon sens car le mot a le double tort d'être restreint et de n'être pas précis. Comme tous les esprits systématiques, M. Zola est souvent brutal, souvent injuste, mais il est sincère, il est vigoureux, et c'est un des grands artistes de l'époque. Il fait donc penser, et, le recueil de ses articles une fois fermé, des idées s'éveillent qui valent la peine qu'on les examine.

Le point de départ de M. Zola a été le roman. Il importe de ne pas l'oublier, car d'un bout à l'autre de son livre actuel, circule cette conviction que le roman contemporain est infiniment au-dessus du théâtre. Pour le démontrer, il s'efforce de résumer le développement, depuis ces cinquante années, de l'un et de l'autre genre. Dans le roman, Balzac apparaît, sorte de Shakespeare du monde moderne, qui, appliquant à l'étude de l'homme les procédés des sciences naturelles, arrive à des réalisations jusque-là inouïes. Cet écrivain ne se propose plus seulement de raconter des actions, comme les conteurs anciens, ou de peindre des passions, comme les conteurs modernes. Il se propose d'expliquer ces actions et ces passions en découvrant à nu leurs causes, qui sont les habitudes. Une créature humaine ne peut être comprise qu'à la condition d'être située dans son milieu, et voilà que la description entre dans le roman, non plus majestueuse comme chez Chateaubriand ou saisissante comme chez Hugo, mais psychologique, mais philosophique, si l'on peut dire. L'empreinte de l'être vivant sur les choses qui l'entourent et l'influence de ces choses sur cet être qu'elles accompagnent, tel est l'objet que se propose le romancier en étudiant, avec une minutie de juge d'instruction, la pension Vauquer ou la maison du père Grandet. La description devient ainsi une notation d'atmosphère. En même temps que Balzac inventait ce procédé, il reconnaissait que la société, par le simple fait du métier, crée des espèces factices analogues aux espèces animales. Il y a l'espèce-médecin comme il y a l'espèce-avocat, l'espèce-littérateur, l'espèce-boursier. Le roman s'agrandit encore. Il ne se contente plus d'instituer une enquête personnelle sur tel ou tel individu. Il dégage de cet individu ce qu'il y a de typique et il institue une enquête sociale. Dès lors ce genre de production devient le plus large de tous, celui qui correspond le mieux à la profonde définition que M. Taine donne quelque part de la littérature : « Une psychologie vivante. »

Comme il arrive d'un genre vraiment renouvelé, les hommes de valeur se portent en foule de ce côté, apportant chacun des procédés d'art personnels. Stendhal exécute des prodiges d'analyse suraiguë en réduisant le caractère à une suite d'association d'idées. Gustave Flaubert emprunte à Théophile Gautier la puissance du « rendu » concret et comme matériel. Les frères de Goncourt énervent la langue. Entre leurs mains la description s'exagère encore dans son sens physiologique *Madame Gervaisais*, leur plus curieuse étude, qui raconte la conversion d'une libre penseuse par un séjour dans la Rome catholique, c'est-à-dire l'envahissement d'un système nerveux par les choses, peut être considérée comme le modèle de cette méthode d'interprétation des milieux. Il faudrait citer beaucoup de noms encore. Ceux-là suffisent pour marquer les étapes que le roman moderne a fournies avant d'être tel que les descendants de Balzac le conçoivent aujourd'hui : un chapitre entier de l'histoire des mœurs, où se trouve transportée du coup une masse énorme de réalité, tout le détail physiologique de la passion en même temps que tout son détail moral, la vie sociale en même temps que la vie individuelle. Ce domaine est même devenu si large qu'il est destiné à se distribuer en plusieurs autres, par un travail en retour. On peut constater, dès aujourd'hui, une scission entre le roman de mœurs proprement dit et le roman d'analyse. Cette scission ne fait qu'attester davantage la vitalité du genre.

L'art du théâtre a bien poursuivi le même but que l'art du roman, mais il est loin d'avoir marché avec la même rapidité. Au théâtre comme dans le roman nous retrouverions l'esprit scientifique, commun à tous les écrivains de l'époque, ce qui faisait dire à Sainte-Beuve, dans les dernières lignes de son article sur *Madame Bovary*, ce mot, qu'il faut toujours citer, à sa date de 1857, comme un remarquable exemple de prophétie littéraire : « Anatomistes et physiologistes, je vous retrouve partout !... » Seulement, la somme de réalité que les meilleures comédies de ce temps-ci ont fait passer sur la scène est-elle comparable à la somme de réalité qu'un grand romancier fait passer dans son livre ? Les exemples sont là pour répondre et la réponse est négative. M. Emile Augier a étudié, dans les *Lionnes pauvres*, le type de la bourgeoise en train de se corrompre par le luxe et qui finit par se vendre pour avoir des bijoux. Comme la figure, pourtant fouillée, de sa jeune femme est pâle et toute peinte en superficie à côté d'une Mme Marneffe ! Si l'on met à part les viveurs et les mondaines de M. Alexandre Dumas et quelques-uns des Parisiens, mâles et femelles, caricaturés si justement par MM. Meilhac et Halévy, quelle observation les historiens de l'avenir pourront-ils emprunter aux centaines de pièces jouées depuis quarante ans avec succès qu'ils n'aient rencontrée dans le roman, avec une autre ampleur et une autre précision ? Presque toujours, au lieu de peindre des créatures typiques, ces pièces peignent des à-peu-près d'hommes et de femmes. Presque toujours leurs héros sont en l'air, hors de tout milieu, sans que l'on puisse comprendre par quelles attaches le métier tient au caractère, l'action présente à l'habitude durable. Enfin le curieux détail de style qui fait le souci des romanciers actuels manque aux plus forts d'entre les auteurs dramatiques, au point que M. de Goncourt a pu dire, sans soulever un *tolle* général, dans la préface de sa *Patrie en danger* : « Le théâtre actuel n'est pas de la littérature. » C'est avec des nuances, l'opinion de M. Zola, et je crois en avoir expliqué les raisons.

Il y a beaucoup de vrai dans ces reproches et dans ceux d'autres écrivains. Les auteurs dramatiques ont toujours le droit, dont ils ne se privent, pas, d'arguer du succès et de montrer les échecs que les mêmes romanciers, si fiers de leurs multiples éditions, ont dû subir lorsqu'ils ont voulu aborder les planches avec les procédés de leurs études de mœurs. Par définition, une pièce est faite pour être jouée et non pour être lue. Si donc les nécessités de la scène et de ce que l'on est convenu d'appeler réplique théâtrale exigent que l'étude des milieux soit négligée, la nuance conventionnelle des caractères encore exagérée, l'intrigue construite d'une façon spécieuse, le style adapté au ton de la causerie courante, ce n'est pas l'auteur qu'il faut condamner, c'est le genre lui-même. Ainsi font d'ailleurs les intransigeants du roman. Ils soutiennent que, non seulement le théâtre actuel n'est pas de la littérature, mais qu'aucun théâtre ne peut en être. Théorie qui se détruit par son propre excès et que les noms des plus grands génies des temps modernes, Shakespeare, Molière et Gœthe, suffisent à réduire à néant.

M. Emile Zola, lui, estime que le théâtre peut supporter une somme de réalité égale à celle que supporte le roman, mais que deux influences principales s'y opposent depuis cinquante ans. La première serait celle du romantisme ; la seconde, celle du procédé à la Scribe, la conception que la conduite d'une intrigue est un art particulier dont il faut connaître les finesses pour se permettre d'écrire un drame ou une comédie. Il est bien certain que le romantisme a introduit chez nous la notion d'un Idéal diamétralement opposé à l'étude de la vie réelle, et certain aussi que l'infiltration de cet Idéal romantique est visible à travers les œuvres des auteurs les plus audacieux dans leurs tentatives de nouveauté, les plus préoccupés d'être vrais et justes. Le Nourvady de *la Princesse de Bagdad*, par exemple, venait en droite ligne du pays romantique. D'autre part, l'habileté de facture et l'escamotage scénique ont singulièrement éloigné de l'étude approfondie de la vérité contemporaine quelques excellents esprits. Ils ont été les victimes de leur propre adresse, couronnées d'ailleurs, et de couronnes d'or. Ces exemples, affirme

M. Zola, sont des plus funestes aux débutants. D'un côté, ces débutants s'imaginent que, pour composer une œuvre de théâtre, il est nécessaire d'inventer des événements extraordinaires et de concevoir des personnages hors nature. De l'autre, ces mêmes débutants s'exercent à étudier un mécanisme d'entrées et de sorties, d'embrouillement et de débrouillement d'intrigues, au lieu de s'essayer à voir exact et à dire ce qu'ils voient. De là résulte cette effroyable disette de jeunes auteurs, dont tout le monde se plaint : les directeurs, parce qu'ils voient les maîtres achever leur carrière sans successeurs probables ; les acteurs, parce qu'ils n'ont plus de rôles nouveaux à créer ; le public, parce qu'il est fatigué du moule connu, las des pièces qu'il revoit toujours. — Et M. Zola n'a pas eu tort en disant qu'il a seulement exprimé haut ce qui se pense tout bas dans bien des endroits.

Ces critiques sont belles et bonnes. La grande affaire serait d'indiquer le remède. Ici, les directeurs se taisent, les acteurs cherchent, le public attend et M. Zola lui-même s'arrête et recule. Il parle de la nécessité d'inventer une nouvelle formule, et il qualifie cette formule de naturaliste. Là se borne sa prescription. Quant à nous expliquer en quoi consiste cette formule naturaliste, il s'avoue lui-même incapable de ce tour de force. Or, le mot naturaliste n'a pas d'autre valeur que d'indiquer une tendance. Traduit en français vulgaire, il signifie que l'avenir du théâtre est dans une recherche plus consciencieuse de la vérité. C'est proprement piétiner sur place, puisque toute la question entre les représentants les plus autorisés de la scène contemporaine et les novateurs du roman pose là-dessus. — « Le livre supporte une dose énorme de réalité, le théâtre, non », disent les premiers. — « Mettez cette même dose au théâtre », disent les autres. — « Essayez », disent les premiers. — A quoi les novateurs du roman sont encore à répliquer.

Le livre de M. Zola ne donne point cette réplique. Aucun livre de critique ne résout des problèmes d'art. Ce sont les œuvres qui jugent les théories, et en dernier ressort. Mais c'est beaucoup que de poser des points d'interrogation et de chercher le défaut des systèmes en vigueur. S'il doit y avoir un renouvellement de l'art dramatique, il est probable que ce renouvellement s'accomplira en effet dans le sens indiqué par M. Zola, et que la part de la convention y sera réduite à son minimum. Mais il est certain que ce renouvellement s'accomplira par l'apparition d'un talent nouveau et non par la mise en œuvre d'une formule. Il n'en va pas du théâtre comme du roman. Les grands auteurs ne font pas école. Où sont les élèves de Molière ? Où ceux de Beaumarchais ? Il est au contraire des élèves de Balzac, de George Sand, de Flaubert. La raison en est précisément dans le caractère de synthèse, propre à la création dramatique.

Chaque auteur de génie a sa vue d'ensemble et c'est le résultat de cette vue qu'il met sur la scène tout entier, si bien que, pour l'imiter, il faudrait exactement voir comme lui, c'est-à-dire être lui, au lieu que, dans le livre, les descriptions, la façon de disposer les parties, la méthode enfin, peuvent être l'objet d'une imitation plus ou moins habile. S'il y a une conclusion à tirer des articles de M. Zola, c'est que le théâtre contemporain manque d'auteurs de génie depuis bien des années, et que ceux qui n'ont que du talent se stérilisent par l'abus du procédé. Le malheur est que ce n'est pas là une situation bien nouvelle. De tout temps il en a été ainsi dans l'interrègne des grands écrivains. N'importe. Il valait la peine de le constater courageusement, et si le livre de M. Zola n'a d'autre résultat que de faire chercher quelques jeunes gens encore inconnus, l'auteur aura bien mérité des Lettres — une fois de plus.

V. Une hypothèse sur Shakespeare.

Un des premiers essayistes de ce temps-ci, M. James Darmesteter, vient de nous donner une édition classique de *Macbeth*, en tête de laquelle il a mis une introduction qui n'est rien moins que l'histoire du génie de Shakespeare. M. Darmesteter appartient à cette élite de travailleurs qui se sont voués, à la suite de la guerre, au relèvement des hautes études dans notre pays. Si la critique contemporaine doit être rajeunie, c'est de ce côté-là que lui viendra son rajeunissement. L'analyse scientifique des textes, l'application de la méthode inductive dans sa pleine rigueur, un ardent amour de l'exactitude, telles sont les qualités qui distinguent ces représentants, chez nous, des fortes méthodes allemandes. Le noble Charles Graux, si tôt ravi à ses amis et à la France, était un des premiers de ce groupe. M. James Darmesteter montré une fois de plus dans cette préface qu'il joint à ces dons d'investigation érudite et stricte les plus, beaux dons d'écrivain. Sa phrase vive et pittoresque décèle l'humaniste dans le philosophe. La rencontre est plus rare qu'on ne le croirait. Voici un bref résumé de ce remarquable morceau.

L'œuvre de Shakespeare est si démesurée qu'elle a d'abord écrasé la critique. Devant la splendeur de l'invention, la magnificence du style, l'intensité du rêve, la profondeur de la psychologie, le débordement de l'effusion lyrique, on s'est incliné comme devant une sorte de prodige, Le livre que l'auteur *de la Légende des siècles* a consacré à l'auteur de *la Tempête* peut être donné comme l'exemple le plus frappant de cette critique adoratrice et prosternée que M. Darmesteter définit très justement : l'Ecole de la Révélation. Coleridge avait déjà résumé d'un mot tout ce que Victor Hugo a dit de Shakespeare, il l'avait appelé le *murianous*, l'homme aux dix mille âmes. Les confusions de dates étaient venues ajouter à cette sorte de mystère dont l'œuvre du grand Anglais demeurait enveloppée. A quelle époque avait-il produit telle comédie, tel drame, tel poème ? Fresque démesurée et passionnante, cette œuvre apparaissait dans un mirage d'apothéose. Tout au plus les analystes démêlaient-ils la faculté maîtresse qui avait présidé à la naissance de tant de créations, presque monstrueuses de nombre et de vie. Des historiens de la littérature caractérisaient de leur côté, les prédécesseurs du poète. Ils mesuraient, pour ainsi dire, le degré de la température où cette fleur énorme de son génie avait poussé. Aucune de ces études n'abordait directement l'histoire de ce génie lui-même. Il y manquait l'analyse des procédés de style, cette forme vraiment naturaliste de la critique historique. MM. Furnivall et Dowden ont été, nous dit M. Darmesteter, les deux initiateurs à cette analyse du style shakespearien. Initiation bien récente, car c'est en 1874 seulement que M. Furnivall a fondé la *New Shakespeare Society*, dont le groupe a produit le mouvement d'idées que M. Darmesteter nous résume aujourd'hui.

On peut classer les pièces de Shakespeare dans leur ordre historique par des renseignements de faits et des renseignements de forme. Les premiers sont fournis par des documents précis : date de la première édition des pièces, témoignages directs des contemporains mentionnant une pièce ou y faisant allusion, rappel dans cette pièce d'un certain événement historique. On a, par exemple, une édition du *Roi Lear*, de 1608. On en conclut que le *Roi Lear* n'est pas postérieur à 1608. On possède un journal d'un docteur Simon Forman, rendant compte d'une représentation de *Macbeth* à la date du 20 avril 1610. On rencontre dans *la Tempête* une traduction presque littérale d'un passage de Montaigne, et l'on sait que la première traduction des *Essais*, faite par John Florio, date de 1603. On en conclut que *la Tempête* est postérieure à 1603. Quelque ingénieuses toutefois que puissent être les hypothèses auxquelles ces renseignements de fait servent de prétexte, elles seraient presque stériles sans les renseignements de forme, c'est-à-dire sans les inductions que la structure intime du vers et la qualité du style permettent au commentateur, qu'elles lui imposent même car ce sont autant d'évidences. Il est assez curieux d'examiner avec M. Darmesteter quelques-unes de ces évidences. Le lecteur y verra un bon exemple des suggestions que peut fournir cette science, toute

récente, la philologie.

Le rythme de la tragédie anglaise était primitivement le couplet rimé : deux vers de dix syllabes rimant ensemble. Avec Marlowe, l'admirable poète du *Faust* et de *Tamerlan*, le vers du drame devient le vers blanc, mais le sens finit avec chaque vers. L'absence de la rime est là seule différence entre ce vers nouveau et le vers ancien. Dans les premières pièces de Shakespeare, presque tous les vers sont de cette sorte. La réforme qui est personnelle à notre poète consiste dans l'usage de l'enjambement et dans l'addition à la fin du vers d'une syllabe non accentuée. M. Furnivall a établi d'une façon mathématique l'accroissement du nombre des enjambements. Dans *Peines d'amour perdues*, il y a un enjambement sur dix-huit vers ; dans *la Tempête*, il y en a un sur trois. Pareillement les premières pièces de Shakespeare n'offrent presque pas d'exemples de la syllabe ajoutée. Elles envahissent un tiers des vers dans les dernières.

Avec des dissections de cette précision anatomique, et qui portent sur le texte même, il se comprend que la classification des pièces de Shakespeare ait pu devenir vraiment exacte. L'intérêt de cette classification n'est pas seulement technique. Nous pouvons, à la suite de ce travail, accompagner la pensée de Shakespeare étape par étape, et apercevoir comment sa philosophie de la vie s'est transformée avec sa vie même. M. Darmesteter a eu la très saisissante fantaisie de comparer cette vie à un drame en trois actes avec un prologue. Dans chacune de ces quatre divisions se distribue en effet une façon particulière d'interpréter le problème de la destinée.

Le prologue de cette tragédie intellectuelle et sentimentale va de 1588 à 1593. Shakespeare, né en 1564, a par conséquent de vingt-quatre à trente ans. Il fait son apprentissage comme adaptateur, puis comme auteur. Il imite les imaginations de ses contemporains : emphatique et brutal dans les deux *Henri IV*, mièvre et raffiné dans les *Peines d'amour perdues*, amusé au royaume des fées dans *le Songe d'une nuit d'été*, juvénilement passionné dans *les Deux Gentilshommes de Vérone*, mais incapable encore de peindre un caractère et de créer des héros qui vivent. Son génie poétique s'est éveillé. Son génie dramatique demeure en arrière. *Richard III* marque le point où ces hésitations se fixent II n'y a qu'un caractère dans *Richard III* ; mais qu'il soutient puissamment le drame de son ampleur extraordinaire !

L'acte premier — je continue à exposer le plan conçu par M. Darmesteter — va de 1593 à 1601. Toutes les chaudes fièvres de la jeunesse coulent dans les veines du poète. La verve et la gaieté débordent. C'est la période où la comédie pénètre le drame, éclairant de son rire aux blanches débits les durs combats des passions. Shakespeare est optimiste encore. Les catastrophes se terminent en fêtes, comme dans *Beaucoup de bruit pour rien*, ou, si la fin est triste comme dans *Roméo et Juliette*, rien n'accuse le fond de la nature humaine. A cette période se rattachent — avec *Roméo et Juliette* et *Beaucoup de bruit pour rien* — *Jean sans Terre, le Marchand de Venise*, les deux *Henry IV, Henri V, la Mégère mise à la raison, les Joyeuses Commères de Windsor, le Jour des Rois*, et enfin ce délicieux *Comme il vous plaira* où déjà se dévoile le sentiment qu'il y a « quelque chose de pourri dans le monde », comme dirait Hamlet « Souffle, souffle, vent d'hiver, tu n'es pas si dur que l'ingratitude de l'homme… » Ces strophes de la chanson d'Amiens (II, 7) résonnent sous la forêt verte en attendant que la chanson d'Edgar, mêlée aux vents de la tempête qui fouette les cheveux blancs de Lear, fasse un écho terrible à ces premières plaintes, encore romanesques, de la misanthropie, encore résignée.

L'acte second va de 1601 à 1608. Le monde a fait banqueroute aux songes du poète. Les personnages qui hantent la pensée de Shakespeare sont maintenant les bourreaux féroces ou les victimes lamentables. Hamlet voit le spectre de son père assassiné lui montrer sa mère incestueuse. Othello écoute la voix du traître Iago et presse l'oreiller sur la bouche de Desdemona. Antoine meurt, trahi par Cléopâtre. Troïlus entend Cressida murmurer à Diomède les paroles d'amour qu'elle lui disait à lui, hier. Macbeth égorge Duncan. La Mariana de *Mesure pour mesure*, seule dans la grange entourée d'eau, soupire la lamentation que Tennyson a répétée depuis. « Il ne vient pas », dit-elle. — Elle dit : « Je suis fatiguée, fatiguée, oh ! comme je voudrais être morte… » Timon invoque : « l'heure d'être honnête !… » et maudit l'existence. Les héros ont à lutter contre une puissance trop forte pour eux. Ils tendent les bras, roidissent les reins, crient vers le ciel.

Ils sont vaincus. Ophelia, Desdemona, Cordelia penchent la tête comme des lis coupés par le brutal ciseau de la Parque injuste. Le crime et la folie sont maîtres de la scène, entassant destruction sur destruction, pour s'écraser à leur tour sous les décombres. « *Therefore be abhorred — All feats, societies, and throngs of men !...* » Ce cri de Timon est celui que Shakespeare jette à la face de la création décevante et tragique. Il est pessimiste comme Schopenhauer ou Leopardi, et il l'est avec l'outrance d'une sensibilité que rien n'égale dans ses déchaînements. Il faut attendre la venue de Balzac pour retrouver une portée de monstres analogue à celle que cette misanthropie met bas dans les heures noires de la quarantième année.

L'acte troisième va de 1608 à 1613. La lutte cesse dans la pensée du poète, et son regard tombe plus serein sur le monde. Déjà, dans *Antoine et Cléopâtre*, quelque chose décèle comme un apaisement... « Les deux héros sont tellement livrés à l'insouciance de l'instinct, si bien en proie, sans défense, à tous les vents du hasard moral, que l'irresponsabilité du destin les protège et qu'un vague sentiment de pitié s'éveille et les enveloppe. » Cette phrase de Darmesteter résume le travail guérisseur qui s'accomplit dans Shakespeare. Le sentiment de la nécessité le sauve de la misanthropie. Il aperçoit les gigantesques causes dont nous sommes les effets fragiles. Il participe à l'indifférence de la nature immortelle, et, dans la contemplation des lois souveraines, il rencontre la sérénité mélancolique de *la Tempête*. « Nous sommes de la matière dont sont faits les rêves, et nos petites vies sont des îles de sommeil... » A cette époque d'apaisement suprême se rattachent encore *Cymbeline* et *le Conte d'hiver*. En 1616, Shakespeare meurt, retiré dans sa maison de Stratford, laissant à deviner le secret de son âme, — de cette âme complexe et tendre, énergique et sensible, de laquelle il a tiré tant de créations inexpliquées. Carlyle a écrit : « De Shakespeare, combien qui reste caché ! Ses douleurs, ses luttes silencieuses, connues de lui seul ! Combien inconnu de lui-même et indicible ! Racines souterraines, sève invisible, travaillant en silence… »

VI. Alceste

J'ai devant les yeux (1882) une plaquette de quatre-vingts pages qui m'a paru mériter que la critique ne la laissât point passer sans discussion, d'autant qu'elle me permet, pour ma part, de prouver par un exemple qu'il peut tenir beaucoup d'analyse dans un personnage de théâtre, sans qu'il cesse pour cela d'être très scénique et très vivant. Cette plaquette est signée du nom d'un des plus fameux sociétaires de la Comédie-Française, M. Coquelin aîné. *Le Misanthrope* en est le sujet. Ces deux raisons seules vaudraient qu'on lût ces pages. Il y a un intérêt très vif, en effet, à connaître les réflexions qu'inspire à un acteur de grand talent tel ou tel personnage du répertoire. L'acteur se met, pour juger d'un rôle, à un point de vue aussi légitime qu'il est différent du nôtre, à nous spectateurs, qui ne considérons la scène que de notre fauteuil d'orchestre et du dehors. L'acteur, lui, voit les rôles par le dedans. Une réplique lui représente un geste à oser, un effet à produire. Le texte d'un dialogue est pour lui une arme avec laquelle il doit se battre, et qu'il essaye à sa main. Sans doute les chances seront nombreuses pour que ce commentaire du rôle soit trop exclusivement pratique et utilitaire. Il a cet avantage de nous bien montrer ce que l'œuvre comporte de réalisation concrète. Puis il s'agit d'Alceste, c'est-à-dire d'une des figures les plus « suggestives » — pour employer l'expression anglaise chère à Baudelaire — qui aient jailli d'une imagination humaine. C'est le propre de ces personnages qu'ils tourmentent la curiosité des siècles comme une énigme jamais déchiffrée. Ils ne sont pas nombreux dans l'histoire littéraire, les sphinx de cette intensité de mystère, et quand on a nommé, après Alceste, Hamlet, que j'étudierai tout à l'heure, don Quichotte, Faust et don Juan, la liste est close. Sur chacun de ces cinq héros, — notez qu'il y en a quatre qui appartiennent au théâtre, — chacun de nous a discuté ou plus ou moins longuement et hasardé son interprétation telle quelle. Précisément cette abondance d'interprétations a soulevé une vapeur autour de ces types déjà par eux-mêmes mystérieux et par suite autour de l'âme des poètes qui les ont créés. Pour nous en tenir au seul Molière, voici que depuis quelque cinquante années une légende s'établit, qui fait de cet Epicurien un prophète de la Révolution, de ce hardi moqueur un mélancolique, de ce robuste et franc génie un amateur de symboles. Le *Misanthrope* est la comédie qui a le plus fourni matière à cette légende, laquelle, passant des livres sur les planches, a peu à peu incliné les comédiens vers un assombrissement des rôles les plus joyeux du répertoire du grand homme. Ne nous a-t-on pas donné, ces temps-ci, un Georges Dandin tragique, un Arnolphe désolé, et un Harpagon d'une noirceur à faire envie au Shylock du *Marchand de Venise* ? La thèse ne date pas d'hier. Elle remonte en droite ligne aux maîtres de 1830. Les écrivains romantiques ne pouvaient raisonnablement pas proscrire Molière comme ils faisaient de Racine et Boileau, avec cette désinvolture de mépris qui dictait à l'un d'eux les vers connus :

Shakespeare est un chêne,

Racine est un pieu…

Il leur répugnait d'autre part d'admirer chez l'auteur des *Précieuses* les qualités condamnées de l'esprit classique :

l'allure bourgeoise et modérée, la haine de l'exaltation et de l'outrance, l'horreur du lyrisme et de l'emphase. Ils ont donc fouillé ce théâtre de vie moyenne, quêtant les quelques scènes un peu moins lucides, un peu moins éclairées par le jour transparent et sobre du bon sens français. Ces scènes trouvées, ils ont raffiné sur leur étrangeté. Ils ont creusé le mot de don Juan au pauvre dans *le Festin de Pierre* : « Je te le donne par amour de l'humanité... » Ils ont creusé *l'Ecole des femmes*. Ils ont creusé le *Misanthrope*. Un des héros de Balzac, le condottiere Maxime de Trailles, dit quelque part : « Je pleure, moi, à la grande scène d'Arnolphe... » On connaît les vers d'Alfred de Musset sur l'Homme aux rubans verts, dans sa *Soirée perdue* :

Quelle mâle gaîté, si triste et si profonde
Que, lorsqu'on vient d'en rire, on devrait en pleurer !...

De pareilles hypothèses conduisaient tout droit à un jeu nouveau. Les rôles ainsi conçus quittaient du coup l'ordre comique pour monter dans l'ordre tragique. Si Alceste, pour en revenir à lui, représente, représente vraiment, comme l'affirme M. Emile Montégut dans la préface de sa traduction de *Hamlet*, « ... tout ce que pouvait concevoir d'Idéal l'œuvre de Molière, qui d'ordinaire n'aime pas à s'élever au-dessus d'un certain niveau moral », il est évident qu'Alceste doit émouvoir et non faire rire. L'acteur devra donc mettre en saillie les parties héroïques de la comédie, dissimuler les parties grotesques, s'il s'en rencontre, et le spectateur devra rester sous une impression, non point de raillerie satisfaite, mais de mélancolie et d'attendrissement.

M. Coquelin s'inscrit en faux contre cette légende. Particulièrement à l'endroit d'Alceste, il s'efforce de démontrer que Molière, en écrivant le *Misanthrope*, a bel et bien voulu réaliser le programme du sous-titre et composer une vraie comédie. Il étudie par le menu les scènes où paraît l'amoureux de Célimène ; et, vers par vers, dans une argumentation très fine, il établit que ce prétendu Timon du jansénisme ne cesse pas un instant d'être comique. Le ridicule, en effet, résulte d'une disproportion, et Alceste est sans cesse en disproportion avec la réalité ou avec lui-même. S'il s'emporte contre la politesse trop complaisante de Philinthe ou la préciosité trop compliquée du sonnet d'Oronthe, c'est, comme on dit, prendre un pavé pour assommer une mouche. S'il s'humilie aux pieds de Célimène, il dément d'un trait tout son caractère. M. Coquelin le dit très justement après avoir analysé le dialogue célèbre :

Oh ! ciel ! de mes transports puis-je être ainsi le maître ?

« ... Comment ne serait-il pas plaisant, ce paysan du Danube, ce pourfendeur de toutes les hypocrisies et de toutes les complaisances, qui, de la façon la plus extravagante, se trouve amené par le nez à la soumission précisément la plus grosse de compromis et de sous-entendus ?... »

La conclusion de cette judicieuse étude est donc qu'Alceste est un personnage de franche comédie et qu'il faut se garder de l'interpréter à la moderne. M. Coquelin en fait la démonstration en acteur, et par le dosage des effets que comporte le rôle, pesé mot par mot. Il y aurait lieu de généraliser ce travail et d'établir que l'esthétique entière de Molière répugne à une interprétation tragique de la vie humaine. Il me semble que l'auteur du *Misanthrope* a eu de tout temps en haine deux choses que, faute de meilleurs termes, j'appellerai l'exception et l'abstraction. L'exception d'abord. Considérez, en effet, comme il a soin de ne jamais exagérer un seul de ses personnages dans un sens qui ferait de lui un monstre à part, une singularité unique. Une comparaison éclairera mieux ce parti pris de juste milieu. Molière a traité le type du séducteur et il a fait don Juan, le type de l'avare et il a fait Harpagon, le type de l'hypocrite et il a fait Tartufe. Des écrivains, venus après lui, ont repris à nouveau ces trois types, et Laclos nous a donné le Valmont des *Liaisons dangereuses*, Balzac le père Grandet d'*Eugénie Grandet*, Stendhal le Julien Sorel de *Rouge et Noir*. Ces trois incarnations nouvelles sont plus intenses et d'un art qui peut nous séduire davantage, nous autres blasés de littérature qui prisons avant tout la saillie du caractère, mais comme elles sont moins typiques, précisément parce que Molière s'attache à peindre la passion dans une mesure qui n'excède pas les conditions habituelles de la vie ! Cet observateur sait bien que la passion ne devient une habitude que si elle s'accommode aux circonstances, par conséquent si elle se normalise, pour ainsi parler. Valmont et Julien Sorel, tendus au degré où ils sont haussés, vont aussitôt se briser. Le père Grandet a beaucoup de chances d'être hémiplégique avant quarante ans. Don Juan, Tartuffe et Harpagon au contraire exerceront leur vice durant de longues années, parce que leur perversité n'est pas de celles qui rompent toute règle et qui constituent une exception redoutable. Ce sont des créatures dépravées, mais non pas monstrueuses. Don Juan est folâtre et bon compagnon, Tartufe gourmand et sensuel, Harpagon galantin et vaniteux. Pour s'être accentués dans le sens d'une manie, ils n'ont pas dépouillé l'infirmité commune à nous tous. Ils ne sont pas des héros du crime, parce que Molière ne croit pas aux héros. Il n'y croit pas dans le mal, il n'y croit pas dans le bien non plus, et, quand il a créé son Alceste, il n'a pu vouloir donner un démenti à une philosophie qui est exactement celle de Montaigne, de La Fontaine, de Rabelais. C'est le « *Ne quid nimis* » antique. C'est la formule de Pascal : « L'homme n'est ni ange ni bête. » C'est en un mot la doctrine réaliste dans ce qu'elle a de plus légitime : le désir de créer une humanité à hauteur d'homme, si l'on peut dire.

    Grâce à cette doctrine, Molière a été préservé d'un défaut que n'ont pas évité quelques-uns des plus remarquables artistes de son temps : l'abstraction. Cartésiens par système ou par tempérament, les écrivains du dix-septième siècle ont trop souvent le tort de considérer la passion comme existant par elle-même, et sans qu'il y ait lieu de tenir compte de la créature qui incarne cette passion. Le troisième livre de *l'Ethique* de Spinoza contient un véritable manuel de cette psychologie. Racine et La Bruyère en ont fait les plus complètes applications. Dans la réalité, il n'y a pas de passions, il y a seulement des créatures passionnées, pas plus qu'il n'y a de pensées, il y a seulement des créatures pensantes. C'est aussi le point de vue auquel se place Molière. Chaque fois qu'il a peint une manie, il s'est efforcé de montrer, par-dessous la manie, la créature vivante et sentante qui est en proie à cette manie, et de la montrer dans les conditions communes de la vie et du sentiment. Cela est surtout reconnaissable lorsqu'il étudie des ridicules intellectuels. Ses personnages alors sont, pour ainsi parler, composés de deux couches : la première est faite du tassement des idées spéciales qui constituent le ridicule, la seconde est faite du véritable terreau humain. Derrière les phrases précieuses de Bélise, il y a les rancunes aigries de la vieille fille. Derrière les déclamations exagérées d'Alceste, il y a l'homme de cœur amoureux d'une femme plus jeune que lui et perfide. A de certains moments, dans la comédie, la première couche saute et la seconde apparaît. Nous avons alors les cris éloquents de la fin du *Misanthrope*. Le personnage était grotesque. Le voici touchant. C'est précisément là ce qui a trompé les critiques. Ils n'ont pas assez vu que le procédé de Molière est compliqué comme celui de la vie, et ils ont voulu que la partie risible du rôle s'absorbât dans la partie sentimentale. C'est méconnaître l'intention de l'auteur et l'esprit général de son esthétique. C'est aussi diminuer Molière, car il est plus difficile et plus rare d'imiter exactement la nature que de l'exagérer.

VII. Hamlet

Après avoir étudié dans Alceste un personnage de théâtre emprunté à la vie moyenne, je voudrais montrer dans un autre personnage, extrême, celui-là, et sorti du drame, que ce même théâtre, quand un homme de génie s'en mêle, comporte une complexité d'observation égale à celle des romans les plus fouillés, les plus éloignés en apparence de toute tragédie. J'ai nommé Hamlet, cette création de Shakespeare, si pareille à la *Joconde* du Vinci par le prestige de l'universelle popularité joint à un caractère d'énigme insoluble. Jamais, peut-être, l'art n'a réussi davantage à reproduire les ondoiements et les fuites de la réalité. Qu'elle est vivante, cette forme de femme évoquée par Léonard dans un paysage de rochers et de glaciers, — vivante et lointaine ! Comme on la sent à la fois présente et insaisissable ! Qu'il est vivant aussi, le prince danois ! Comme ses moindres paroles nous prennent le cœur ainsi qu'une main ! Comme nous le suivons haletants, à travers son labyrinthe de pensées tragiques et de douloureuses incertitudes, et comme nous nous trouvons incapables de définir cet homme, tour à tour furieux et tendre, persifleur et sentimental, héroïque et défaillant, bouffon et sublime ! Aussi peut-on raisonner à perte de vue sur ce sphinx de la vengeance et de la rêverie, sans lui arracher son secret. Ce travail cependant n'est pas inutile. La quantité de vérités psychologiques notées par

Shakespeare est si considérable qu'il en reste toujours quelques-unes à indiquer, au moins dans leurs nuances.

A voir représenter *Hamlet*, une première impression s'impose, me semble-t-il, c'est que le drame réside moins encore dans les hésitations du jeune homme devant l'acte à commettre que dans son effort contre l'envahissement d'une douleur trop forte pour sa sensibilité. Le jour où sa mère s'est remariée, — avant que les souliers fussent usés, dans lesquels elle avait suivi le deuil du roi mort, — Hamlet a commencé de sentir en lui la morsure intolérable d'une idée fixe. Quand le fantôme lui est apparu et lui a révélé la monstrueuse vérité, cette morsure est devenue si cruelle que du coup la machine nerveuse s'est détraquée jusqu'à l'affolement. Ce n'est pas de tuer que le prince a peur. La vie d'un homme ne lui coûte guère, ni un coup d'épée à donner. Il le prouve lorsqu'il égorge Polonius caché derrière la tapisserie. Ce n'est pas de vouloir non plus qui lui pèse ; voyez comme il se décide vite à organiser la représentation de la *Souricière*, comme il a tôt fait de rompre avec Ophélie, comme il envoie rapidement à la mort les deux traîtres auxquels son oncle l'a confié. Ce qui l'immobilise tour à tour et l'affole au point de l'entraîner à ces accès de férocité, justement indiqués par certains critiques, c'est la présence en lui d'une vision atroce qu'elle l'hypnotise par moments, et, à d'autres, le fait bondir sous l'aiguillon, comme un cheval à qui l'on enfonce les éperons dans les flancs. Hamlet est exactement, par rapport au mariage de sa mère et au meurtre de son père, dans la situation morale d'un homme qui, ayant cru de tout son cœur à une femme adorée, découvrirait soudain dans la vie de cette femme quelque hideuse aventure de prostitution, une ineffaçable souillure et qui ne pourrait ni supporter cette découverte, ni s'en nier à lui-même la vérité. Considérez sous ce jour les sursauts de cette âme et de ces nerfs ; ces étranges volte-face se trouveront expliquées du coup. Hamlet éprouve le besoin de vérifier dans son plus petit détail la confidence du fantôme. C'est sans doute, comme je le montrerai tout à l'heure, pour assurer la légitimité de son action, mais c'est aussi dans la secrète espérance d'échapper à l'horrible cauchemar. Il traîne Polonius assassiné par les pieds, en l'injuriant, et cela n'est guère généreux. Mais c'est qu'il vient de causer avec la reine et d'avoir avec elle une de ces explications comme l'amant trompé en aurait avec la maîtresse convaincue de trahison. La parole alors met à nu la blessure envenimée, elle l'exaspère, et, dans cette extrémité de souffrance où le désespoir entraîne l'homme, la brutalité soulage. Elle procure à l'âme malade une sorte de détente, qui la repose en l'avilissant. Hamlet est singulièrement cynique lors de cet entretien avec cette mère, et non moins cynique dans sa rupture avec Ophélie. C'est que le cynisme se trouve au terme de l'angoisse excessive. Son ricanement insulteur, en dégradant tout, et nous-mêmes, et la vie entière, nous venge un peu de ce monde où les plus douces apparences nous ont le plus menti. Il y a au fond de ce rire d'Hamlet le sarcasme qui se retrouve dans Chamfort, dans Schopenhauer, et surtout dans le plus cruel des moqueurs, le névropathe Henri Heine, — parmi cette descendance d'Hamlet, le plus mortellement blessé, le plus pareil aussi au héros de Shakespeare par les jaillissements de la poésie à travers les éclats de l'ironie sacrilège et les frénésies de la folie.

Voilà, en effet, un de ces contrastes déconcertants qui pour beaucoup d'excellents esprits paraissent de véritables non-sens : l'excès de la douleur morale peut rendre par instants Hamlet persifleur et sauvage. Cette douleur n'empêche pas en lui l'afflux constant de l'intense rêverie. Bien au contraire, la douleur provoque cette rêverie et la rend plus intense encore, en sorte que le même homme capable d'appeler son père « vieille taupe », d'injurier Ophélie comme une fille, d'égorger Polonius sans un remords, se trouve être aussi un philosophe pour qui toutes les destinées et la sienne propre deviennent l'objet d'une méditation désintéressée, comme celle de Faust dans sa cellule de savant. Ce trait si marquant du personnage a fini par devenir la définition même d'Hamlet et cette légende suffit pour expliquer comment l'autre partie de son caractère, la frénétique et l'implacable, étonne les spectateurs habitués à se ressouvenir de lui comme d'une sorte d'Amiel du seizième siècle. Ne rendrait-on pas compte de cette double face et de ce caractère si complexe en se rappelant qu'Hamlet est un Anglais, et conçu comme tel par le plus Anglais de tous les poètes ? En examinant et l'histoire et la littérature de l'Angleterre, on reconnaît chez cette race une double tendance. L'Anglais est volontiers rude jusqu'à la brutalité, farouche jusqu'à la violence et dur jusqu'à la cruauté. Il est aussi, par excellence, l'homme de la réflexion profonde, le visionnaire scrupuleux et méditatif, et un être poétique à un degré tel que toute poésie paraît prose à côté d'un Keats ou d'un Shelley. Et l'art de Shakespeare lui-même, avec ses audaces de sang, de carnage et de trivialités, unies aux plus suaves, aux plus délicates des aspirations poétiques, ne résume-t-il pas l'un et l'autre penchant de l'âme anglo-saxonne ? Hamlet, gros et fort, amateur forcené d'exercices violents, d'escrime et très vraisemblablement de cheval, qui s'élance à l'abordage le premier aussitôt qu'un pirate attaque son vaisseau, est en même temps un scrutateur acharné de sa propre conscience. Mettez-lui une Bible entre les mains. Vous transformerez en puritain du temps de Cromwel ce casuiste qui hésite à tuer Claudius, parce que tuer son ennemi en prière, c'est l'envoyer au ciel. Il importe de bien observer que les scrupules de cet ordre tiennent une place dans les irrésolutions de ce vengeur, qui n'est pas sur d'avoir à venger une bonne cause : « L'esprit que j'ai vu peut être le diable ; or, le diable a le pouvoir de revêtir une forme aimable aux yeux ; oui, et peut-être veut-il tirer parti, pour me damner de ma faiblesse et de ma mélancolie, *car il est très puissant avec des âmes de la nature de la mienne. Il me faut marcher sur un terrain plus solide que celui-là...* » Apercevez-vous dans ces deux phrases le fond de moralité solitaire et de mysticisme raisonneur qui se manifestera bientôt dans la guerre religieuse en même temps que l'autre élément, celui de la cruauté native et forcenée ?

Donc une âme profondément, intimement anglaise, envahie par une douleur intolérable et tour à tour jetée à la violence la plus frénétique et à la rêverie la plus abstraite, — ainsi m'apparaît l'énigmatique Hamlet. Il y a en lui autre chose encore. Il n'est pas seulement un personnage individuel, il est un symbole, et ce symbolisme achève de compliquer cette créature déjà si étrangement complexe. Qu'on réfléchisse, en effet, à quelle période de sa vie le fantôme vient le surprendre et dans quelle situation morale. Hamlet a trente ans. Il a fini longuement ses études. Il a, réunies sur sa tête, toutes les chances : fils d'un prince glorieux, héritier désigné d'un trône, amoureux d'une jeune fille dont il se sent aimé, chéri du peuple qu'il doit gouverner un jour, quelle espérance n'a-t-il pas, flottante et brillante devant ses yeux ? Il incarne en lui la jeunesse, celle dont a si magnifiquement parlé notre poète :

Quand la chaude jeunesse, arbre à la rude écorce,
Couvre tout de son ombre, horizon et chemin.

Eh bien ! à cette minute même d'enthousiasme et d'enivrement le voile de l'illusion est déchiré d'un coup brusque ; — et le monde apparaît au regard du jeune homme dans la réalité de sa hideur. L'implacable égoïsme à qui même la pire action ne répugne pas pour s'assouvir, l'incurable fragilité du cœur de la femme, les mensonges des amitiés perfides se dévoilent à la fois devant lui. C'est la première rencontre de l'Âme et de la Vie, c'est le conflit de l'Idéal et du Réel qui font la matière de ce drame. Quel homme n'a été Hamlet un jour, une heure ? Qui n'a connu les désenchantements de la terrasse d'Elseneur, et, une première fois, aperçu l'envers tragique et misérable de cette farce pompeuse de l'existence, dans l'éclair d'une désillusion terrassante ? Oui, pour quelques-uns, l'expérience ne vient pas peu à peu. Il n'y a pas une initiation lente et consolée du cœur à la vérité amère. C'est d'un coup et pour toujours que les yeux s'ouvrent et qu'ils voient la différence entre ce qu'ils avaient espéré des choses et ce qu'elles donnent. Cette soudaine entrée dans le pays du désert moral, Hamlet l'accomplit devant nous qui reconnaissons dans sa redoutable aventure l'image amplifiée et glorieuse de notre mesquine histoire. C'est à cause de cela qu'il est si attirant et si captivant pour des imaginations de jeunes hommes, plus encore que cette prodigieuse tragédie du *Roi Lear*, qui symbolise, elle, une suprême amertume, mais celle de l'homme avancé dans la vie, et qui ayant fait sa tâche selon sa conscience, se débat contre le mortel poison de l'ingratitude.

On frémit de penser aux crises sentimentales que Shakespeare a dû traverser quand il composait ces deux pièces, car toutes les deux ont pour matière cet état indéfini et passager du cœur où la souffrance est si aiguë qu'elle confine à la folie. La très courte distance qui sépare de la manie le chagrin désordonné se trouve ici notée et mesurée avec une précision qui fait peur. On a beau jeu à dire que ce sont de simples travaux d'imagination. Pour ma part, je ne crois en aucune manière que la sensibilité intellectuelle puisse fonctionner d'un côté, la sensibilité réelle de l'autre. Je veux bien admettre qu'un poète ne copie aucunement les faits de sa vie, et que, dans toute son œuvre, on ne puisse découvrir un événement qui lui soit arrivé, ni le portrait d'une personne qu'il ait connue. Je crois même que c'est la règle pour les artistes vraiment passionnés, et à cause de cette passion même. Je me refuse à comprendre qu'il écrive la scène entre Hamlet et sa mère, et l'acte de la tempête dans *le Roi Lear*, s'il n'a pas connu dans leur affreuse âcreté les sensations qui servent de thème à ces deux morceaux : celle de voir tachée à ne jamais se pouvoir laver, l'âme la plus aimée ; — celle d'avoir subi, ou commis, quelque irréparable injustice. Est-ce dans les sonnets de Shakespeare qu'il convient de chercher la clef de ce mystère de souffrance ? Il y en a de très étranges et qui semblent témoigner que cet homme de génie fut la victime des plus singuliers écarts du cœur et de l'imagination. A coup sûr, cette sensibilité brûlante, ces éclats d'éloquence qui vous secouent jusqu'à la racine de votre être, cette poésie aussi touchante que de vraies larmes sur un vrai visage, tout cela dut avoir sa source dans une âme aussi passionnée que ces drames. Nous avons vu, en étudiant le bel essai que lui a consacré M. James Darmesteter, qu'*Hamlet* et que *le Roi Lear* correspondent à une crise qui semble avoir duré des années. Quelle crise ? Qui sait ? Si Shakespeare a souffert par une femme, peut-être celle qui tortura cette âme divine fut-elle aussi vulgaire que cette âme était rare. Peut-être les jalousies dont souffrit l'auteur d'*Othello* eussent-elles pour objet quelque comparse de théâtre, dont il avait honte d'être jaloux. Peut-être cette femme n'était-elle pas même belle, ou, si elle l'était, sans doute elle lui avait menti, elle l'avait trahi, comme Gertrude, « lui, Hypérion, pour un satyre. » Ce n'est pas une des moindres ironies de la destinée que les contrastes entre les désespoirs des grands hommes et l'indignité des objets auxquels ces désespoirs s'appliquent le plus souvent. On connaît l'histoire de Molière et de la Béjart. Que ne donnerait-on pas pour connaître exactement ce qui fut le tourment profond de la vie du créateur d'Hamlet et de Lear ? On aperçoit du sang qui coule sur des phrases inoubliables ; on entend un soupir passer entre deux vers, et, comme dit le prince de Danemark en mourant, « le reste est silence... »

Deuxième partie
L'art du théâtre[2].

Chapitre I
Conditions de l'art dramatique.

J'entreprends d'exposer ici mes idées personnelles sur le théâtre. Personnelles, c'est beaucoup dire, ou, si l'on veut, trop peu. Je n'ai pas la prétention de découvrir du neuf. Quand je dis, idées personnelles, j'entends ce que j'ai pensé après d'autres, ce que la pensée des autres, de beaucoup d'autres, vers lesquels m'inclinaient le respect dû et mon goût propre, est devenue en moi à l'épreuve de l'expérience. Aucune pensée personnelle, à mon avis, n'a de valeur que si elle rejoint et reprend la pensée commune, la longue chaîne de pensées forgée et rivée par les maîtres depuis les origines d'une certaine tradition. Les maîtres, en tout temps, furent d'abord de bons élèves ; il ne nous semble pas que cette modestie ait jamais gêné leur audace et les ait empêchés d'innover dans leur art. Et sans doute, un bon élève ne fait pas forcément un maître ; mais plus sûrement qu'un mauvais.

Autre précaution oratoire : je parlerai du théâtre en auteur, en praticien. Le spirituel mis à part, mais non cependant détaché du reste, la principale occupation de ma vie consiste à écrire des pièces et à les faire jouer. Tout entier à mon art, j'ai réfléchi longuement sur mon art et je rassemble ici mes réflexions partielles. Au critique de profession qui, jugeant du dehors, peut voir ce que je ne vois pas, de me contredire ou de me reprendre. Je dis ce que je sais, ce que j'ai vu, et, parmi d'autres, certaines choses que le critique est peut-être moins bien placé pour savoir et voir. Nos points de vue se complèteront, si, d'aventure, ils ne s'opposent.

*

Qu'est-ce que l'art dramatique tel que les maîtres nous l'ont fait ? *Qu'est-il* devenu ? ou *Que* doit-il devenir ? Voilà les trois points principaux de notre exposé. Si nos idées et nos essais ne sont pas assez convaincants, puissent-ils tout au moins indiquer une direction où d'autres, mieux doués, s'engageront à notre suite.

I.

Posons d'abord quelques principes. C'est faute de principes que tant de bonnes volontés, de talents, voire de génies, se dévoient, en un siècle où l'esprit propre, flatté par l'amour-propre, régit toutes les activités de l'homme et très spécialement les lettres et les arts. Si nous tenons en main une vérité que pour cent raisons nous estimons bonne, ne craignons pas de paraître pédants en lui faisant toute sa part. Le moyen le plus sûr de n'aboutir à rien consiste à flotter au départ entre plusieurs vérités équivoques.

Le théâtre étant dit *un art*, rappelons en deux mots que l'art peut être envisagé sous deux aspects, du reste inséparables, celui de l'absolu, celui du relatif. Le premier théorique ou, si l'on aime mieux, intellectuel est essentiel : un art qui ne tend pas vers l'absolu se nie. C'est que l'art naît, ne peut naître que dans l'esprit : l'idée, la conception avant tout. Mais toutes les définitions transcendantales qu'en proposent les philosophes ne feront pas qu'il ne soit aussi un métier ; et un métier n'a d'existence que dans la mesure où on le pratique. Si l'œuvre d'art ne sort pas de l'esprit pour prendre une forme sensible, elle demeure aux yeux de tous une simple velléité. On ne saurait juger de la conception que d'après l'exécution, du génie que sur son ouvrage. Nous avons tous rêvé d'admirables poèmes qui ne seront jamais parce qu'ils sont restés en nous. C'est le second aspect. L'absolu de la théorie une fois posé, la pratique, à son tour, pose ses conditions et elles sont inévitablement relatives, relatives à l'homme, à ses limites, à ses besoins, à ses moyens. Voici ce que nous enseigne l'École ? et j'entends celle d'Aristote, continuée par saint Thomas. Il ne me semble pas que dans l'ordre esthétique, pour m'en tenir à celui-ci, qui que ce soit en puisse repousser les conclusions d'ensemble. Elles ont été formulées dans un petit livre subtil et profond que tout artiste « conscient » devrait garder à son chevet, *Art et Scolastique*, de Jacques Maritain. Elles ont ceci de rassurant qu'elles coïncident avec les leçons de l'expérience, avec la sagesse des siècles et ce que l'on appelle tout simplement le sens commun.

« Tout art est gratuit… désintéressé comme tel… Dans la production même de l'œuvre, la vertu d'art ne vise qu'une chose : le bien de l'œuvre à faire, la beauté à faire resplendir dans la matière, la chose à créer selon ses lois propres, indépendamment de tout le reste. » Mais, ceci dit, un art théoriquement pur va rencontrer quelque chose d'étranger à lui, peut-être d'opposé à lui, un instrument, une matière. L'art est dans l'artiste, l'artiste est dans l'homme. « S'il n'y a pas d'homme, il n'y a pas d'artiste » et, par conséquent, pas d'art. L'homme qui veut créer se trouvera aux prises avec une double résistance : celle de sa nature bornée qui ne saurait tout à fait obéir aux ordres de l'esprit ; celle de la matière brute qu'il informe : couleur, marbre, sons ou mots. Il devra transiger, il devra en rabattre — et, s'il passe outre, s'il veut contraindre l'instrument à pousser une note qui dépasse sa tessiture, s'il veut contraindre la matière à entrer dans une forme qui violente sa constitution, l'instrument, la matière se vengeront. Qu'il tende au maximum possible de gratuité et d'absolu, d'accord ! c'est son devoir d'état ; ce maximum est limité. Il n'y a au-delà que contradiction, difformité, cacophonie.

Dans une esthétique vraiment humaine, et, par conséquent, relative, il serait permis de classer les arts suivant le degré d'absolu qu'ils semblent capables d'atteindre et donc, selon la somme de contingences extérieures, dont par nature ils sont grevés. À quel degré de cette hiérarchie placerions-nous l'art dramatique ?

On s'est accoutumé, depuis Richard Wagner dont la suprême ambition fut de restituer le drame tel que l'avaient conçu et réalisé les tragiques grecs, à considérer le théâtre, dans sa forme la plus complète et la plus haute, comme le lieu quasi-sacré où devraient s'opérer la rencontre, le mariage, la fusion de tous les arts. Ce n'est pas moi qui contesterai à ce point de vue sa légitimité et sa grandeur. Une action où la plastique, la musique et la poésie, également et harmonieusement, concourraient à ravir les yeux et les oreilles en même temps que le cœur, voilà certes un maximum dont le théâtre, et seul le théâtre, est capable.

Mais tous les arts unis font-ils un plus grand art ? S'ils sont vraiment unis, sans doute.

Font-ils un art plus pur ? Sûrement non.

Chaque art participant à cette idéale synthèse pourra, sous une main experte, demander soutien, point d'élan, accroissement, exaltation aux autres arts. Le geste accentuera le mot. La musique prolongera la parole. Nulle part les moyens ne s'offriront aussi nombreux... — et je ne parle pas du principal qui est l'homme vivant, l'acteur, dans l'âme et dans la chair de qui l'œuvre sera directement sculptée. Mais plus la matière sera complexe, plus elle opposera de résistance à qui prétendra l'assouplir. À proportion des moyens augmenteront les servitudes. Il en résulte que « l'art dramatique total », en raison même de ses ressources, serait le plus mêlé et le plus contingent de tous les arts, celui qui traîne après lui le plus lourd passif, celui qui a le plus à compter avec la pratique.

Est-ce à dire qu'Eschyle et Sophocle n'ont pas su lever l'hypothèque et que leurs plus authentiques chefs-d'œuvre n'auront peut-être été que des « pis-aller » magistraux ? Toute une part de leurs réalisations nous échappe : la musique, la danse. Je m'enhardis cependant jusqu'à remarquer que chez leur émule Wagner l'équilibre entre les arts a été rompu au profit d'un seul : la musique a noyé le drame. Le juste accord se trouverait plutôt selon moi dans Gluck et dans Mozart, dans Debussy et dans Monteverde. Mais ceci n'est pas de notre ressort et mieux vaut écarter provisoirement la question du « drame total » confondue aujourd'hui avec celle du « drame lyrique ».

Sans renoncer à demander à la musique son concours allégeant ou aggravant suivant le cas, mais à titre d'accompagnement, de divertissement ou d'intermède, il reste que ce qui nous concerne est plus spécialement le drame littéraire dans la forme que nous ont transmise les siècles et tel qu'il est pratiqué de nos jours : je veux dire *le drame parlé*. Ceci ne va-t-il pas modifier les termes de notre problème ? Aucunement. Car il n'est pas d'art théâtral, si écrit, si abstrait, si intellectuel qu'il soit, qui ne participe des autres arts, qui ne s'adresse à l'esprit et au cœur sans passer par les yeux et par les oreilles, qui n'exige par conséquent du dramaturge outre le souci d'écriture qu'il partage avec l'essayiste, le poète, le romancier, un souci d'ordre musical (rythme, intonation) et un souci d'ordre plastique (mouvement, image). Nous retrouvons ici les mêmes contingences, les mêmes servitudes, la même « impureté ». Convenons-en sans honte. Et aussi bien, une saine dramaturgie commencera par le procès de la conception purement livresque du théâtre qui la stérilise depuis cent ans.

II.

Si nous avons méconnu trop longtemps les principes premiers du drame, les excuses ne nous manquent pas. Où pouvions-nous les puiser chez les maîtres, sinon dans le livre ? Que nous resterait-il de leurs chefs-d'œuvre sans l'écrit qui les enregistre, qui leur permet de se transmettre à nous ? Les recevant sous la forme la moins concrète, nous sommes tentés de les considérer exactement sous le même angle que les chefs-d'œuvre de la poésie et du roman. Il s'agirait donc, en ce cas, d'un genre littéraire parmi d'autres ? il y aurait les comédies d'Aristophane et les tragédies de Sophocle comme il y a les *Églogues* de Virgile et les *Dialogues* de Platon ?

— Eh soit ! Créon répond à Antigone comme Tityre à Mélibée, comme Socrate à Alcibiade, un peu plus pathétiquement.

À mesure que nous lirons, le drame bouillonnera et se dessinera dans notre tête et de cette lecture nous tirerons des lois bonnes pour la représentation dans notre tête, mais rien de plus. Représentation idéale, mais aussi éloignée de la véritable que le monde intérieur du monde extérieur. Ne nous figurons pas avoir assisté en esprit à l'authentique drame d'Eschyle ou de Shakespeare tel que Shakespeare et Eschyle l'avaient conçu.

Ni Eschyle, ni Shakespeare, ni Sophocle ni Calderon n'ont écrit leurs drames pour la lecture, mais pour la scène et une certaine scène, pour le public et un certain public, pour une réalisation immédiate et, avouons-le, passagère.

À quelques siècles de distance, en dépit de la plus sûre tradition et des documents les moins contestables, nous n'imaginons même pas la façon dont la Champmeslé ou la Du Parc interprétait Racine. Les plus habiles reconstitutions qu'on nous propose sur la scène ne sont, ne peuvent être que transpositions. Quel rapport, dites-moi, entre l'*Antigone* authentique du théâtre de Dionysos et l'*Antigone* académique de la Comédie-Française, même au temps où Mounet-Sully et Julia Bartet l'animaient de leur génie propre ? Le « dessin au crayon noir » d'après Sophocle que nous présente Jean Cocteau en dépouillant le drame original de son vêtement lyrique ne transpose pas davantage. Ce que fut la vraie *Antigone*, nous ne le saurons donc jamais, ni la *Passion* de Gréban, ni *Othello*, ni *Phèdre*, ni le *Misanthrope*. Du dessein concerté de ceux qui les conçurent et les animèrent, il nous reste le texte, le squelette, l'épure, admirable sans doute, que le livre nous a transmis. Devenu matière classique, matière d'explication dans les manuels, dans les classes, et plaisir secret de quelques lettrés, le théâtre est entré dans la « littérature »… Or, si le théâtre a sa place, considéré dans ses plus hautes formes, parmi les genres littéraires et les genres littéraires supérieurs, il est, je le répète, un genre littéraire à part et il déborde étrangement l'écrit. S'il ne le déborde, il n'est point, ayant perdu sa principale raison d'être, ou, si l'on veut, il n'est plus qu'à demi. Car, seul de son espèce ? avec l'éloquence peut-être ? il mène en fait deux existences, et dans le livre, et hors du livre. Il renoncerait plutôt à celle-là qu'à celle-ci et plutôt cesserait d'être littéraire que d'être scénique. Nous l'étudions sur des textes : eh bien ! le texte n'est pas tout.

Je ne conteste pas son importance. Il est le noyau, la cellule mère et rien ne peut le remplacer. « Au commencement était le Verbe… » ce qui est vrai universellement. Lorsque la pensée y renonce, elle renonce à se définir ; et expulser la pensée du théâtre, c'est le vider de sa substance, c'est travailler à son abaissement. Mais, la chose accordée, il convient aussi d'affirmer que le drame a son verbe propre qui n'est ni celui du poème, ni celui du roman ; s'il n'échappe à l'écrit, il est sans vie et sans vertu.

Le livre, écrin parfait des mots, suffit amplement au poème, tel en tout cas qu'on le conçoit actuellement, de moins en moins proféré et chanté ? et c'est peut-être un tort ? de plus en plus réservé au silence et à la joie intime du lecteur. Délectation et chant secrets, le concert a lieu au dedans. Certains iront jusqu'à prétendre qu'il peut se passer de public : cas extrême, cas monstrueux, la condition sine qua non de l'œuvre d'art étant d'être communicable. Sans nous aventurer si loin, disons qu'une fois fixé dans le livre, il a licence d'attendre ses lecteurs. Le poète écrira et imprimera sinon uniquement pour soi, du moins pour un lecteur éventuel, lointain ou proche. Chacun sait que Stendhal, qui n'était que romancier, situait son vrai public à un demi-siècle après lui. C'est que le dessein de l'écrivain pur passe presque tout entier dans le livre, soumis aux seules contingences de la grammaire, de la logique et, quant au poème, de la prosodie. La typographie plus ou moins soignée ne change rien à la valeur intrinsèque des mots, signes d'objets ou de pensées.

Le dramaturge qui ne considérerait le mot écrit que comme le poète ou le romancier, qui construirait et modèlerait pour le livre de belles formes palpitantes de vie, risquerait de créer des œuvres de musée, figées dans la lettre une fois pour toutes et sans impulsion vers le dehors. Sans doute, il est permis d'imaginer un genre qui serait « le théâtre dans un fauteuil » et nous en avons des exemples ; mais autant dire roman dialogué. Pis-aller, genre faux, auquel dut se résigner, on le sait, durant une grande partie de sa carrière, le dramaturge le plus authentique du xixe siècle, peut-être le seul, je veux dire Alfred de Musset. J'écarterai également le cas indéfendable de l'auteur dramatique qui polit des phrases et les livre au metteur en scène en lui disant : « Arrangez-vous. Les mots y sont, le reste vous regarde. » Les mots sont, mais ne sont pas encore. Il est à craindre que l'auteur qui lâche sa pièce aussitôt écrite et croit que le texte suffit n'ait pas mis dans son texte ce qu'exigeait de lui son art, n'ait pas chargé les mots de ce potentiel dramatique qui fait qu'ils sont mots de théâtre, verbe proféré et actif. Sinon, il serait plus curieux de les voir s'essayer à vivre.

Oui, le mot régit tout, au théâtre comme dans le livre ; c'est le délégué de l'esprit. Mais là, il doit passer par une bouche humaine, animer des êtres de chair, vivre et agir ; il dicte l'acte et il est l'acte (et non pas l'*acte* au sens thomiste : au sens mécaniste de mouvement). Avant d'atteindre et de soulever l'auditeur, il doit atteindre et soulever tout un appareil composite, indocile, rebelle : la scène d'un théâtre, matériel et personnel, avec ce qu'elle comporte de ressources — et de résistances aussi. Le dramaturge n'a rien fait quand il a fixé par la plume l'absolu toujours un peu relatif de son rêve, une compagnie idéale de personnages qui s'affrontent, s'aiment, se haïssent, vivent et meurent, selon son bon plaisir. Il doit à son art, il se doit de tracer un rêve réalisable, viable, jouable et, si l'on me permet de forger un très vilain mot, « extériorisable ». Il ne dit pas, je le répète : « Voici des mots, faites-en de la vie, des images, des gestes, du mouvement, de l'action ! » À ce compte, un scénario devrait suffire et nous aurions cet embryon de drame qu'est la *Commedia dell'Arte*. S'il n'a déjà mis dans ses mots les images, les gestes, le mouvement, l'action, la vie que requiert avant tout le drame, ce n'est que par un artifice qu'un autre les y mettra après coup. Non pas qu'il soit tenu à les calculer par avance avec une précision implacable qui ne laisse aucun champ à la fantaisie de l'acteur : cet excès figerait l'ouvrage. La vie qu'il lui infuse est un appel à la vie de l'acteur et pour prendre tout accent elle a besoin d'une autre vie : rien de plus, rien de moins. Le dramaturge propose implicitement à l'interprète toute une série de « possibles » entre lesquels celui-ci n'aura qu'à choisir. Le dramaturge indique, amorce ; à l'interprète d'achever, d'accomplir.

Mais une telle prévision suppose chez l'auteur la connaissance approfondie des moyens techniques et, s'il a le sens inné de la scène — il ne sera jamais dramaturge s'il ne l'a pas — il n'en devra pas moins le cultiver pratiquement avec modestie et constance. Le contact est indispensable. La scène du théâtre se propose à lui comme l'argile au modeleur, la pierre ou le bois au tailleur d'images. Peut-être sera-t-il tenté de monter lui-même sur le théâtre... S'il le peut, il le doit ; à ce point seulement toute sa fonction est remplie : il devient vraiment « maître d'œuvre ». Qui le serait, sinon celui qui la conçut ? Shakespeare ou Molière, auteur, régisseur et acteur, voilà l'auteur dramatique complet.

Ici, on me retourne mes propres paroles en répondant que voilà bien de l'embarras. Aux yeux de la postérité, c'est l'écrivain seul qui subsiste, puisque les conditions matérielles de l'art dramatique varient sans cesse avec l'époque. Mais précisément l'auteur dramatique n'écrit pas seulement pour la postérité et, selon moi, il n'aura chance de l'atteindre que s'il a d'abord écrit pour son temps. Je ne le dispense pas du souci d'être un *bon auteur* ; je veux. pourtant qu'il se résigne à épouser ce que son art comporte de plus transitoire, les seuls moyens à sa portée, essentiels et passagers. Je dis que c'est par eux qu'il réalisera le drame. Je dis que c'est en les utilisant, en acceptant leurs qualités et leurs défauts, leurs qualités et leurs limites qu'il fera une œuvre vivante, dramatiquement parlant. Je dis que si au bout d'un siècle… ou de dix siècles, il ne subsiste de son œuvre que les mots, à ce prix seulement les mots qu'il laissera conserveront un peu de la vertu active propre au drame et au drame seul. Car, si nous ne pouvons restituer aujourd'hui ni la vraie *Antigone*, ni le vrai *Macbeth*, ni même le vrai *Polyeucte*, ils nous émeuvent cependant encore, tout incomplets et transposés qu'on nous les donne, et autrement que l'*Énéide* ou la *Divine Comédie*, que *Don Quichotte* ou les *Dialogues* de Platon, d'une émotion spécifique. Conçus et exécutés dans l'abstrait, ils auraient leur beauté peut-être, mais une autre beauté. La vie profonde qu'ils recèlent et qui leur imprime encore son élan, vient de ce qu'en leur temps ils ont été conçus et réalisés dans la vie, de ce qu'ils ont été vécus sur une scène par des hommes de chair et d'os. Des mots écrits, s'ils furent vraiment écrits pour passer par la voix des hommes, par leur masque et par leurs membres, ne peuvent pas ne pas en garder la mémoire ou comme l'imprégnation. À cette condition, l'ouvrage sera ce qu'il veut être : un drame. Supprimez chez le dramaturge ce souci de réalisation immédiate, il perd sa véritable raison d'être : il n'a qu'à changer de métier.

Pour apprendre l'humilité, rien de tel que l'art dramatique. L'auteur y est essentiellement dépendant. Dépendant des possibilités de la scène, dépendant des possibilités de l'acteur. En règle avec le style, avec les lois de l'action dramatique (plastique, mouvement, progression) il fait encore appel au costumier, au décorateur, à l'électricien, au machiniste, au metteur en scène, s'il ne l'est lui-même, et, avant tout, aux interprètes. Il faudrait pouvoir insister ici sur le dommage que subit son art quand la difficile harmonie entre les moyens est rompue, et lorsque, par exemple, l'insuffisance de l'ouvrage, de la mainmise du poète incite tel ou tel, metteur en scène, décorateur, comédien, à travailler isolément, pour son propre compte. C'est une des raisons qui expliquent les malfaçons trop courantes, hélas ! dans notre théâtre contemporain... — Et aussi bien, l'ouvrage ne commence de vivre que lorsque, ces concours une fois assurés, l'esprit de l'œuvre ayant pénétré les acteurs et l'harmonie enfin réalisé, on frappe les trois coups... — Mais non ! et rien n'est fait encore ; il faudra compter avec le public.

III.

L'art dramatique ce n'est ni un auteur qui écrit dans un coin sa pièce, ni même une compagnie de comédiens exercés qui la font vivre sur la scène ; c'est aussi un public qui doit la recevoir. C'est un auteur, des acteurs, un public. En vain essaiera-t-on de faire abstraction d'un quelconque de ces trois termes : ils sont liés.

On conçoit un tableau que le peintre peindrait pour soi. On conçoit un poème que le poète se réciterait du matin jusqu'au soir et qu'il tairait aux autres hommes. On conçoit un roman qui ne serait pas lu et dormirait dans son carton. Mais on ne conçoit pas une œuvre dramatique écrite, étudiée, montée, réalisée enfin, qui se déroulerait devant des fauteuils vides, ou, du moins, quand la chose arrive, c'est bien contre le gré des interprètes et de l'auteur : elle n'a pas sa fin en elle-même. Je remarquais plus haut l'étrange liberté vis-à-vis du public du romancier et du poète. On l'a poussée de notre temps jusqu'au mépris. Et il est vrai qu'aller au-devant du public, flatter ses préjugés et ses faiblesses n'est pas le bon moyen pour un auteur d'approfondir et de perfectionner son art. Mais autre chose est de mépriser ce public, de le décourager, de lui rabattre sur le nez la porte et de refuser le contact. Celui qui écrit et imprime souhaite d'être lu, sinon il écrirait peut-être encore pour fixer ses idées, son rêve, mais n'imprimerait pas. Tout art est social par essence. Mais, je l'ai dit aussi, celui qui fait des livres est absolument libre d'attendre son public. Il viendra ou ne viendra pas ; il viendra nombreux ou restreint ; il viendra aujourd'hui, demain, ou dans dix ans, ou dans un siècle. Cela importe peu. Le poème, le roman, l'essai repose imprimé dans le livre ; il est et ne sera pas davantage le jour où il aura dix, vingt mille, cent mille lecteurs. Le lecteur éventuel n'a sur lui aucune influence ; ni après ni avant, il ne saurait le modifier (je mets à part la littérature commerciale) : c'est lui, lecteur, qui recevra seul son empreinte, plus ou moins profonde, plus tôt ou plus tard. Certes, un auteur humain, comme étaient nos classiques, montrera envers le public quelques égards élémentaires et corrects, par le respect de la grammaire, de la syntaxe, de la logique et l'emploi d'un langage non trop distant du langage commun. Mais comme il sait qu'un livre se relit, qu'on en prend d'abord ce qu'on veut, qu'on le quitte, qu'on y revient, qu'on le referme et qu'on le rouvre, si sa pensée naît difficile ou son style elliptique, il les maintiendra tels qu'ils sont. Au lecteur d'insister : tant pis s'il n'est pas digne de comprendre ! Ni un poème n'est nécessairement populaire, ni un roman, ni un essai.

Il en va tout autrement d'un ouvrage dramatique. C'est comme un livre qu'on lirait en commun et que l'on ne peut pas fermer et rouvrir à sa fantaisie, dont les pages tournent implacablement du premier chapitre au dernier. Quand un mot est dit, il est dit, on ne saurait prier l'acteur de le redire. Certes, ce serait là une source de comique inépuisable : devant un drame un peu obscur, on verrait un à un tous les spectateurs se lever, réclamant qui un fragment de la première scène, qui de la seconde, qui du monologue du trois dont on n'a pas bien saisi la portée. Alors les plus intelligents et ceux qui voudraient le paraître protesteraient par des « chut ! » indignés. Altercations, tumulte, pugilat : le drame se transporterait dans la salle ; celui de scène en resterait là. ? Mais ne plaisantons pas. Qu'il ait payé ou non sa place, le spectateur tient à comprendre, et dans l'instant, les mots que profère l'acteur. D'où la nécessité d'une intelligibilité exemplaire. Au théâtre un chat est un chat ; c'est le temple même de l'évidence. Malheur au dramaturge qui s'exprimerait en lapon devant des spectateurs français ! Voici déjà une première servitude qu'il acceptera de gré ou de force : même choisi, soigné, savant, gonflé de sens et débordant d'images, le langage qu'il emploiera devra être commun à tous.

J'en vois une seconde dont l'exigence n'a pas moins de rigueur. Dépassant la lettre et le mot, il s'agira de réaliser dans l'objet dont ils sont le revêtement une luminosité plus profonde. Qu'importe que le mot soit précis, la phrase normalement construite et l'enchaînement des raisons parfaitement logique et clair, si l'idée qu'on expose ou le sentiment qu'on exprime ne correspond à rien dans la pensée et le cœur du public et n'éveille pas même en lui l'écho atténué de ce sentiment et de cette idée ! À plus forte raison s'ils provoquent de sa part une réaction toute contraire. Cela peut arriver ; cela arrive fréquemment. Ce qui fera pleurer les uns fera rire les autres, ou bien l'inverse, et, dans une salle ainsi partagée, il y aura deux pièces : la pièce gaie, la pièce triste. Laquelle est la vraie, dites-moi ? Celle qu'aura voulue l'auteur ? Dans ce cas, qu'il la garde ! C'est qu'il l'a mal voulue, c'est qu'il s'est adressé chez ses semblables à des sentiments et à des idées qui ne sont pas également partagés par eux tous. « Pardon ! pourra-t-on m'objecter ; êtes-vous sûr que deux hommes pris dans la masse aient en eux un seul sentiment ou une seule idée d'une complète similitude ? » Bien sûr que non dans le détail. Dans l'ensemble, je réponds : oui. Car il est certaines « valeurs » intellectuelles et morales sur lesquelles s'accorde le plus grand nombre dans une société digne de ce nom : le bien et le mal, le vrai et le faux (je ne dis pas le beau et le laid qui sont des « valeurs » esthétiques, sujettes comme telles à variations dans les mieux faites des sociétés ; réservons, s'il vous plaît, la question esthétique pure). L'accord sur le bien, l'accord sur le vrai, voilà le minimum de communion que l'homme qui écrit pour le théâtre doit songer à réaliser entre son œuvre et son public. À cette condition seulement il suscitera l'émotion, recueillera l'adhésion qu'il a voulues. La pièce n'est et n'est vraiment, ne vit et ne vit vraiment, toutes nuances mises à part, que lorsqu'elle vit dans l'être du public comme elle vit sur le théâtre et dans l'être du dramaturge, et dans l'instant, au moment même du contact. C'est ce qui fait dire à Jacques Copeau dans une formule saisissante que je ne me lasse pas de reproduire :

« *Il n'y aura de théâtre nouveau* (entendez de théâtre en réaction contre le faux théâtre d'aujourd'hui et conforme à la tradition) *que le jour où l'homme de la salle pourra murmurer les paroles de l'homme de la scène, en même temps que lui et du même cœur que lui.* »

Oui, le jour où l'auteur et le spectateur, j'ajouterai l'acteur, trait d'union entre l'un et l'autre, établis fortement sur le même terrain intellectuel et moral, ne feront à eux deux ou à eux trois qu'un homme. Il leur faut à tout prix un terrain de communion. Ils le trouveront aisément dans une société bien faite, je veux dire centrée, cohérente et unanime à reconnaître un certain bien pour *le bien* et un certain vrai pour *le vrai*.

Mais si la société est mal faite, ce qui arrive ? s'il n'y a pas de société ? Eh bien ! il n'y aura pas de théâtre, ou fragmentaire, balbutiant, hétéroclite, saisonnier. On ne s'entendra pas, on ne communiquera pas, on ne communiera pas. La pièce n'aura plus qu'à rentrer dans le livre ; elle attendra des temps meilleurs.

Elle ne saurait bien longtemps les attendre : car, au théâtre, une réalisation trop différée altère même la conception. Si l'auteur n'a en main ou à portée de la main quand il crée, tous les éléments de son œuvre, la matière verbale, la matière technique et la matière humaine, son art, sa troupe et son public, la rectitude de son « activité créatrice », comme dit Maritain, sera irrémédiablement faussée. Il n'est pas un, mais deux, mais trois et non seulement il lui importe que plusieurs parlent en son nom, mais encore que tous lui répondent.

À l'opposé d'une certaine école qui a considéré la scène comme une chambre où il se passe quelque chose et dont on abattrait une cloison, je l'imagine plus humainement comme un tréteau établi au milieu du peuple, un lieu d'échange perpétuel. Un auteur dramatique devra étudier pratiquement les conditions de cet échange, en dégager les lois et d'abord s'assurer qu'il est un échange possible et s'il ne parle pas lui-même une autre langue que celle du public.

Ainsi l'art dramatique suppose, en principe et en fait, des mœurs, une société, et, au plus noble sens du mot, un peuple. Ce n'est pas un art fermé, ni un art à longue échéance, mais un art ouvert, immédiat. Plaignons l'auteur qui sent en lui tout ce qu'il faut pour créer l'œuvre qui le hante et qui ne trouve, hors de lui, rien pour l'y aider. Ce serait miracle s'il la créait viable dans le présent pour l'avenir. On cite le cas de chefs-d'œuvre qui, momentanément, pour des raisons particulières, ont échoué du vivant de l'auteur, bien qu'ils fussent d'accord avec leur temps sur les principes essentiels ; leur fortune sur le théâtre n'a été qu'un peu différée. On n'en cite aucun de quelque envergure qui, méconnu, rebuté par son temps, ait suscité l'émotion d'un peuple des siècles après sa naissance. Ceux qui survivent ou revivent, je l'ai dit, c'est qu'ils ont vécu.

Telles sont les conditions essentielles du drame. Il dépend de son siècle qu'il soit ou ne soit pas. Le talent, le génie ne sauraient y suffire : il faut encore le bonheur.

*

On entend bien que cet exposé de principes appelle quantité de retouches et de nuances. Il est des cas d'espèce dont nous ne pouvons pas faire état et sur lesquels nous reviendrons. L'important est que la question soit posée sur un terrain solide. De l'essentiel je ne rabattrai rien. Quoi qu'on en ait, quoi qu'on en dise, le dramaturge-né qui pourra être par ailleurs un grand poète ou un créateur de figures égal aux plus grands romanciers, qui, disposant d'un jeu plus complexe et plus vaste, saura joindre dans son art même des beautés que la poésie et le roman ne reçoivent que séparées, et telles qui ne sont ni de l'une, ni de l'autre, qui animera tout un monde et le rendra visible, sonore, en action — de ce fait même travaille dans le relatif et à une œuvre en partie périssable. En vain, pour en sauvegarder la pureté, aura-t-il décidé de se retirer dans sa tour. S'il n'en redescend pas, son œuvre ne sera pas un drame. Le dramaturge est prisonnier des contingences du théâtre et de la société ; le caractère de son art est essentiellement social.

Ce point acquis, nous esquisserons son destin changeant à travers la suite des siècles et, soumis de tout temps à ces dures nécessités, ce qu'il peut espérer aujourd'hui — et demain.

Chapitre II.
Des origines à l'âge classique.

J'ai exposé dans ma précédente causerie les raisons qui font de l'art dramatique un genre tout à fait à part parmi les genres littéraires, le plus vaste et le plus complexe, mais le plus contingent et le plus asservi, le plus grand, le moins pur. Il n'a qu'un pied dans l'absolu de l'art ; pour se réaliser, il quitte la littérature.

Il lui faut un auteur, des acteurs, un public. Une pièce naît dans le temps, à un certain moment du temps, pour ce temps et non pour un autre. Elle peut, elle doit même avoir l'ambition de durer, mais son existence future dépend de la vigueur de son existence présente. Étant par nature *action*, si l'auteur n'a pas fait l'épreuve de ses vertus actives à la scène et sur le public, elle demeure virtuelle et rien de plus que l'idée d'un tableau ou d'une statue par rapport à la statue et au tableau.

L'art dramatique est un art d'échange ; l'art dramatique est un art social. Il l'est si bien, de par ses origines, que nous le voyons naître d'une religion. *Religio* : ce qui relie, le lien le plus fort d'une société.

I.

La tragédie d'Eschyle fait partie du culte. À date fixe, devant tout un peuple assemblé pour lequel les Dieux sont vraiment des Dieux, les héros des héros, qui ont fondé, gardé et qui protègent la cité, on représente leurs hauts-faits connus de tous, les crimes et les malheurs des ancêtres courbés sous la loi du Destin, les fastes même de l'histoire locale.

C'est Prométhée qui se lamente, lié à son rocher et le foie déchiré par son vautour. C'est l'épopée de la destruction de Troie. C'est l'enchaînement horrible et fatal des conséquences du festin d'Atrée, jusqu'à la folie d'Oreste et l'intercession des Dieux. C'est même la récente victoire sur les Perses dont le peuple n'a pas perdu le souvenir.

Aucun de ces sujets qui ne soit populaire, mêlé à la substance intime de chacun. Les poètes tragiques ont été conviés à célébrer le plus dignement qu'il se peut la pensée commune, la foi commune, et les plus dignes présentent leur ouvrage au peuple qui donnera la couronne au meilleur — entendez à celui qui aura suscité en lui l'émotion qu'il attend de Prométhée, d'Œdipe, d'Agamemnon, d'Oreste réincarnés pour un jour devant lui.

La comédie naîtra. Elle sera tout d'abord politique. Elle fera allusion avec une franchise scandaleuse aux événements quotidiens. Elle mettra en scène, sous des noms d'emprunt ou sous leur véritable nom, les hommes publics les plus en vue. Et ce n'est que plus tard, avec Ménandre en Grèce, avec Plaute et Térence à Rome qu'elle prendra des types plus généraux, l'Avare, le Fanfaron, la Proxénète. Mais le contact n'est pas rompu. Plaute parlera au peuple son langage. Héritier direct des farceurs de place publique, il dresse encore parmi la foule son tréteau. Si Ménandre et Térence dans le domaine de la comédie, comme Euripide dans celui de la tragédie, tendent déjà vers un art plus fermé, plus spécialement destiné aux délicats, le fait est qu'ils donneront au drame original le coup de grâce : il a cessé d'être après eux. Sénèque le tragique lira ses pièces à un auditoire choisi : seront-elles jamais représentées ? Privé de ses adjuvants naturels, l'acteur et le public, le théâtre fera long feu : il est rentré dans la littérature et ne l'enrichit pas beaucoup.

    La courbe de l'art dramatique, du haut Moyen-Âge à nos jours, n'est certes pas moins éloquente. C'est encore du culte qu'il naît, de la liturgie catholique. Le centre du culte, la Messe, est déjà par essence un drame. Pour les fidèles, c'est le drame des drames et un drame réel auquel le Fils de Dieu participe en personne chaque matin. Pour honorer, illustrer et magnifier cette réalité profonde, on ne déploiera jamais trop de pompe extérieure. Chaque geste de l'officiant, des diacres, des acolytes est réglé et signifiant. Les hymnes chantées dans le chœur trouveront un écho dans toute l'assemblée, et l'assemblée y répondra. Le théâtre proprement dit ne fit qu'amplifier la mise en scène liturgique. Afin de rendre l'enseignement de la Parole plus direct et la réalité secrète plus sensible, les clercs s'avisèrent un jour de personnifier devant l'autel les Vertus Théologales et Cardinales, d'y faire défiler en somptueuses dalmatiques Moïse, Isaïe et tous les prophètes qui annoncèrent la venue du Christ, puis de dramatiser les Paraboles : celle des Vierges Sages et des Vierges Folles, avec leurs lampes pleines et leurs lampes vides, devant la porte où va passer l'Époux. Ce fut bientôt la vie même du Fils de Dieu, puis la vie de la Sainte Vierge et ses miracles, puis les miracles de nos Saints. Mais déjà, quittant le sanctuaire, le spectacle s'établissait sous le porche. Sur des tréteaux multiples, brillamment décorés, on pouvait voir représentés la Terre, le Ciel et l'Enfer, tout l'univers temporel et spirituel, la triple Église selon le dogme catholique. Et soyez certains que les spectateurs, même les tièdes, même les indignes, adhéraient à la fiction avec autant de foi, de certitude qu'à la réalité qu'elle représentait. Par son ampleur comme par sa portée, par l'unanimité qu'il rencontrait ou suscitait dans le peuple présent aux fêtes, c'était bien le drame total.

Ainsi naquirent les Mystères et les Miracles. Vous savez qu'ils étaient familiers, populaires, accessibles à tous, mêlés parfois de farce et que même ils dégénérèrent en bouffonneries irrespectueuses qui nécessitèrent plus tard l'intervention du bras séculier. Le genre n'en fleurit pas moins durant trois siècles. Le Corneille de *Polyeucte* s'y trouve en germe et, pour une part, le Molière du *Médecin malgré lui*. Il exprimait toute entière la vie de la société française, avec sa bonne humeur native, son bon sens, ses vertus et ses vices, ses qualités et ses travers — avec aussi sa foi. Si, par la suite, la part de l'homme devint prépondérante dans le Miracle, toujours à la conclusion intervenait le saint qu'on voulait honorer, en particulier Notre-Dame.

Le théâtre profane qui naissait dans le même temps en divers lieux sous la forme de *jeux* et de *farces* n'adoptait pas un autre ton. Toujours social et toujours populaire dans un accord préétabli entre l'ouvrage et le public sur certaines « valeurs » morales qu'aucun auteur ne se serait jamais permis de mettre sens dessus dessous. Le premier venu pouvait y entrer — et chacun y trouvait son compte ; car la poésie était de la fête et parfois la musique aussi. N'oublions pas de rappeler que les interprètes de tous ces jeux étaient pris dans la foule et ne se distinguaient pas d'elle ; ils se rassemblaient dans des *Confréries* où les baladins n'entraient pas.

Est-ce à dire que, théâtre type et art dramatique total, le Mystère du Moyen-Âge, des primitifs comme Rutebeuf aux « flamboyants » comme Gréban, nous proposât une forme accomplie, un exemple parfait, la règle d'or du genre ? Il faut bien avouer que non. Même en comptant le *Miracle de Théophile* au premier temps et la grande

Passion de Gréban et de Jean Michel aux derniers, je ne vois pas qu'il nous ait laissé de chefs-d'œuvre. Des morceaux de chefs-d'œuvre : il n'eut pas le temps de mûrir. Sans doute la part du spectacle y dut être considérable, dont nous ne pouvons pas nous faire la moindre idée aujourd'hui. Les défilés, les chants, les intermèdes de toute sorte devaient mettre en valeur le trésor de scènes charmantes, vivantes, savoureuses qui nous ravissent encore aujourd'hui. Mais ils ne pouvaient masquer des défauts qui, sensibles à la lecture, devaient s'accuser à la scène : redites sans fin, détails inutiles, prolixité, piétinement sur place, absence de choix évidente entre les éléments secondaires et principaux. Nous n'avons pas affaire à une œuvre réglée, construite, mais à une succession de tableaux souvent disparates, plus ou moins habilement reliés entre eux, sans préparation ou trop préparés, sans progression aucune, sans crise et résolution de la crise, sans graduation des effets. Aussi bien, ces Mystères duraient quelquefois plusieurs jours, ce qui modifiait étrangement l'optique à laquelle nous sommes accoutumés depuis les Grecs. Mais chaque journée même ne formait pas un tout solide, subsistant, comme chaque drame de la Trilogie. Il manqua aux auteurs dramatiques du Moyen-Âge, avec une langue plus mûre, un métier dramatique suffisamment évolué : ils ne nous ont laissé qu'un embryon de drame. Mais, le génie et surtout le talent aidant (ils ne manquaient pas de génie), l'idée de réfléchir sur leur métier obsédant les meilleurs de nos ouvriers de théâtre, l'étude des chefs-d'œuvre antiques que la Renaissance allait découvrir leur proposant des exemples, des lois, rien ne s'opposait à ce qu'un art encore dans l'enfance, mais élevé dans les plus saines conditions, au milieu d'une société, sauf exception, unanime entrât à son tour dans l'âge viril. Un peu disparate, mais authentique, il avait fait la somme de tous les éléments de la vraie tradition française. Il était chrétien, il était humain, il était bonhomme et chevaleresque, il savait prier et pleurer, il savait rire, à l'unisson non pas seulement de son temps, mais du peuple français tel qu'il a survécu en nous, dès que l'on gratte l'enveloppe, chez nos paysans, chez nos artisans, chez nos bourgeois et qu'on découvrirait, en grattant plus fort, chez nos intellectuels : n'avons-nous pas Charles Péguy ? Il était au ton de la France. Jamais si riche matière nationale ne s'offrit à aucun auteur.

II.

À ce moment, la Réforme religieuse scinda en deux la chrétienté et la Renaissance païenne, débouchant d'Italie, en profita pour s'installer chez nous. Elle nous apportait d'inappréciables trésors qui pouvaient s'ajouter aux nôtres, mais qui les étouffèrent pour un temps et, dès lors, l'esprit français s'acharna sur une matière sinon étrangère ? la tradition gréco-latine ne s'était jamais laissé interrompre et notre Moyen-Âge s'en était nourri ? en tout cas moins autochtone, non encore christianisée et francisée. De franciser et de christianiser cette matière, notre xviie siècle se chargea. Surtout, l'idée de l'art, en mûrissant, remplit d'amour-propre l'artiste devenu maître d'un royaume où n'importe qui n'entrait pas ; il cessa d'être un artisan comme les autres et, comme l'avoue du Bellay, se défia de plus en plus « du jugement du rude populaire » lequel n'est jamais décisif, mais sait, à l'occasion, redresser les erreurs, modérer les excès de notre sens individuel. Si le livre ne souffrit pas de ce coup d'état d'une élite, le théâtre tel qu'il se formait ne pouvait, hélas ! qu'en mourir. C'est tout au moins l'une des causes de sa mort. En plein seizième siècle, on proposa au bon peuple français une pâle copie de la tragédie hellénique.

Je ne récrimine pas ; on ne récrimine pas devant les faits. Et d'autant moins que le siècle suivant trouva dans ce trésor nouveau, dans cette attitude nouvelle, la matière et les moyens de chefs-d'œuvre du plus haut prix. Je me borne à regretter que ce bouleversement religieux et social ait arrêté l'élan d'un art dramatique proprement français qui n'avait plus qu'à se perfectionner au point de vue technique et esthétique pour atteindre le but qu'il se proposait. La résurrection du théâtre hellénique entreprise par la Pléiade n'aboutit qu'à un morne échec : Jodelle n'était pas de taille. Quelques écrivains protestants, le plus remarquable est Louis des Masures, donnèrent l'esquisse éloquente d'une forme d'art issue du mystère : ce fut la tragédie biblique ; elle ne pouvait s'imposer. Cependant l'esprit de chevalerie, ravivé par l'exemple des Espagnols, se survivait pour quelque temps chez les précurseurs de Corneille. Mais c'est en Espagne et en Angleterre que l'effort médiéval sur le plan du théâtre devait reprendre élan et porter ses plus nobles fruits. Le plus grand dramaturge du Moyen-Âge, c'est Shakespeare.

Je sais ce qu'à travers l'humanisme des renaissants, les Élizabéthains doivent à l'antique. On a cité parmi leurs sources les *Essais* de Montaigne et le *Plutarque* d'Amyot. Il ne faudrait pas oublier Sénèque ; ils n'ont connu les Grecs que par ses sombres et libres transcriptions ; il leur a fait bonne mesure d'horreur. Mais, sous le vernis du xvie, on découvre chez eux l'homme du Moyen-Âge, chrétien, galant, rude, un peu débridé. Leur œuvre s'en ressent. À quelques exceptions près, elle est encore populaire et conforme à l'esprit du peuple au milieu duquel elle naît. Souvenons-nous que la Réforme, au temps d'Henry VIII et d'Élisabeth, n'entama en aucun point la substance même du dogme, sinon en celui qui concerne la suprématie du siège de Pierre ; ce fut plutôt un schisme : suscitée par la politique, elle demeura politique. Avant l'offensive des Puritains et des sectes nombreuses qui se partagèrent plus tard la chrétienté d'Angleterre, celle-ci ne changea pas d'esprit ; elle conserva tous les rites du catholicisme romain. Shakespeare composa ses drames pour elle, la plupart de ses drames tout au moins. Comme ses ancêtres médiévaux et les nôtres, il estimait tout naturel de mêler la farce à la tragédie. Ses plus grandes œuvres sont pleines d'intermèdes comiques, de saillies burlesques, d'obscénités, par quoi il retenait l'attention des débardeurs de la Tamise, quitte aussitôt après à ravir les plus délicats par le débordement d'une ineffable poésie. À part l'énigmatique *Hamlet* au fond duquel il est permis, du reste, de chercher moins de choses qu'il n'y en a, tous ses drames parfaitement clairs se tiennent sur un plan moral — je ne dis pas moralisant — qui est le plan chrétien et même catholique. On n'a pas l'exemple chez lui d'un criminel qui ne soit châtié, d'une courtisane que ses débordements rachètent, d'une action mauvaise qu'il nous fasse passer pour bonne : un peuple qui croit au mal et au bien peut parfaitement s'entendre avec lui. Enfin, à la manière aussi du théâtre médiéval, il conçoit le drame comme une succession de scènes nous transportant en divers lieux. Mais son génie plus mûr rejette l'inutile : toutes auront leur raison d'être et d'autant plus que le conflit sera plus grave, le pathétique plus tendu. À ce sujet, il garde dans ses comédies une liberté souveraine.

Mais, s'il ne repousse pas les actions secondaires, il les tient à leur plan ; jamais l'accessoire chez lui ne fera tort au principal. Non que le mécanisme de l'action ait déjà la rigueur que nous admirons chez Racine. Il compose dans la succession, mais il compose ; avec des moyens différents, il tend vers l'ordre, un ordre qu'il réalise presque toujours. Transposez son art en langage et en esprit français, voici sans doute ce que fût devenu notre théâtre, s'il avait pu suivre sa ligne, sans brutale interruption : déjà affaire de lettres, mais toujours pâture du peuple, ouvert dans tous les sens, à tous.

On en peut dire autant du grand drame espagnol, tel que l'ont fait Tirso de Molina, Lope de Vega, Calderon. L'Espagne, plus âprement religieuse, rebelle aux nouveautés de la Réforme et au mouvement païen renaissant, l'a voulu et créé plus proprement religieux et catholique. Ce catholicisme transpyrénéen n'est pas toujours exactement le nôtre ; il nous surprendra quelquefois. La doctrine, par exemple, qui se dégage de la *Dévotion à la Croix*, du *Damné par manque de foi*, du *Truand Béatifié* ferait chez nous un peu scandale, bien que nombre de nos mystères l'illustrent explicitement : le bandit racheté par un acte de foi, le saint damné pour un moment de doute. Autres lieux, autres mœurs. Le théâtre espagnol n'a pas été écrit pour nous. Mais il répond au tempérament ibérique ; je n'en connais pas de plus autochtone, de moins influencé par l'étranger, et, quand il atteint à l'universel, il garde tout le suc de sa sève nationale, témoin ce chef-d'œuvre, *La Vie est un Songe* que nous avons pu applaudir au théâtre de l'*Atelier*. Il fait place au comique aussi et le libère dans des comédies d'une richesse d'intrigue où Corneille a beaucoup puisé. Mais sous la forme spéciale et strictement confessionnelle des *Autos Sacramentales* que portaient de grands chars sur les places les jours de fêtes, il plonge encore plus avant dans la vie du peuple, dans le catholicisme dont il est issu. À la fois mystique et sanglant, si différent que soit son caractère original de celui de nos vieux mystères, il est bâti sur les mêmes principes, inséparable de sa terre et de sa foi.

III.

À quel point s'en distinguera notre art dramatique classique, dans les cas même où il s'inspirera de lui, dans *le Cid*, dans *le Menteur*, dans le *Don Juan* de Molière ! Cet art, si cher à notre cœur, allons-nous l'opposer à tout ce qui le précède ? Est-ce déjà ici que commence le « théâtre clos » ?

Dans de remarquables études, notre ami René Salomé a précisé cette opposition. En face du théâtre essentiel et original — national ou religieux et plus généralement populaire — il constatait l'existence prospère d'un théâtre fermé, réservé à l'élite, où ne saurait se hasarder le premier spectateur venu. Là, les lettrés pourront trouver plaisir de choix, plaisir à leur goût qui est raffiné, soit que l'analyse psychologique y marche sur des pointes d'aiguille, soit que la poésie ne s'y déploie que dans sa plus subtile expression, soit que le thème de l'ouvrage bouleverse les notions intellectuelles et morales courantes sur lesquelles les hommes sont à l'ordinaire d'accord. Ils s'y rendront en petit nombre — et plus nombreux si le snobisme y met la main — sans aucun préjugé moral, national, ni religieux, ni même simplement humain. C'est sur la rareté de l'art qui leur sera proposé en ce lieu qu'ils ont l'intention de s'entendre. Les voici devant un équilibriste qui doit les charmer par ses tours. Ne dites pas qu'ici les conditions *sine qua non* d'un art proprement dramatique ne seront pas réalisées ! Le terrain de communion, c'est le jeu intellectuel et l'innovation esthétique : le spectateur est prévenu ; il sait où il va. Elles le seraient plutôt à l'excès, à ce qu'il me semble... Mais je reviendrai sur ce point et je dois poursuivre mon exposé.

Il est vrai ? partiellement vrai ? que le théâtre au xviie siècle cesse tout à coup d'être populaire, au sens le plus large du mot, et qu'il devient presque exclusivement, au sens le plus étroit, théâtre de société. On verra les atténuations, d'une importance capitale, que j'apporterai par la suite à cette brutale affirmation. Et d'abord, tout au moins dans la tragédie, il réduit autant que possible la part faite au plaisir des yeux. La pompe et l'agrément scénique vont se réfugier dans les théâtres de musique, dans le ballet et l'opéra. La mesure dans laquelle les règles dites d'Aristote ont pu contribuer à cette épuration demeure sujette à discussion selon moi. La théorie n'est la plupart du temps posée que pour justifier après coup la pratique ou le courant secret qui porte en un certain sens les esprits. Le calvinisme, le jansénisme, puis le cartésianisme en seraient plutôt responsables. Mettons que la curiosité de plus en plus aiguë pour l'homme intérieur a guidé surtout nos classiques et qu'avant tout, il s'agissait pour eux de donner forme à un art encore indécis : ils s'attaquaient à sa substance intime.

Voici donc une scène nue ou presque nue, un décor fixe qui ne changera pas et Corneille lui-même renoncera bien vite au déplacement de l'action dans l'espace ; on va la limiter également dans le temps. On a compris qu'elle aura d'autant plus d'accent et de force tragique qu'elle sera plus resserrée, que l'essence du drame résidant dans le pathétique, il y aura donc intérêt à écarter tout ce qui distrait. Plus de repos, de diversion, de fantaisie et la poésie même rentrera dans le rang. On prendra les hommes en état de crise, dans la phase la plus aiguë de la crise qui sera exposée, exaspérée et résolue entre l'aube et le soir. Les Grecs n'ont pas été si loin. Ils n'avaient pas l'esprit aussi tourmenté de logique. Ils ont su éviter le casse-tête de l'intrigue, avec ses ressources et ses périls. On sait ce que ces règles étroites et solides, tout en prêtant une ossature au drame, risquaient d'engendrer d'artificiel, de conventionnel et de mécanique chez les successeurs immédiats et lointains des maîtres français. Grâce à elles pourtant, ceux-ci auront porté l'art dramatique à un point de rigueur, d'intensité et de perfection inconnu avant eux et qu'on peut dire insurpassable : Corneille dans *Polyeucte*, Racine dans *Britannicus*. Cette fois l'homme est seul ; il n'a le droit de s'exprimer devant son ami ou son ennemi que par des mots comptés qui seront chargés de tout dire. Si un crime a lieu, nous n'assisterons pas au crime : qu'importe ! nous le sentirons là. Ce qui doit nous intéresser, c'est moins ce que fait l'homme que ce qui se passe dans l'homme : voici fondé le drame intérieur. Pour être intérieur, il n'en est pourtant pas moins drame. Un sourire de Monime ou de Bérénice, un cri de Polyeucte ou de Phèdre, savamment préparés, ne nous bouleverseront pas moins que l'apparition de Lady Macbeth frottant en vain sa main sanglante. Je dis « nous », c'est-à-dire moi, l'« honnête homme » du xviie, homme de lettres, de robe ou de cour. Mais le peuple ? le plus grand nombre ?

Théâtre pour l'élite, entendu : pour elle d'abord. Théâtre de société, et d'une société choisie. C'est trop peu dire cependant. De la société tout court. Je ne dis pas qu'il ait été conçu pour elle ; mais il n'a pas été conçu contre elle. Elle y pouvait toute entière accéder.

Nos tragiques classiques, et à commencer par Racine, avaient un fonds humain trop riche et un cerveau trop bien équilibré pour songer en aucune sorte à s'affranchir des conditions universelles de leur art. S'ils n'offraient au public mêlé qui pouvait assister aux représentations de leurs ouvrages rien de ce qui prend l'homme par les sens, un spectacle brillant, des scènes de tuerie, des coups, du sang et des clameurs, ils faisaient parler à leurs personnages (mis à part quelques tours et quelques mots conventionnels, rançon de la mode du temps, le mot *chaînes*, le mot *flamme* dans l'expression des sentiments de l'amour) un langage poli, mais cependant clair et direct : il suffisait d'écouter pour entendre. Le peuple, quoiqu'on dise, n'est jamais insensible aux mots. Par surcroît, ils n'exprimaient aucun sentiment, aucune pensée qui ne fut tout à fait conforme au sens commun. Les héros païens qu'ils lui présentaient, quasi-inconnus du vulgaire, n'ignoraient pas les valeurs chrétiennes reçues sur lesquelles la masse vivait encore, et presque tout le reste de la société française, même les « libertins ». Car, c'est une chose à noter, bien que je ne sois pas le premier à le faire, dans ses moulages apparemment pris sur l'antique, Racine versait et coulait une matière psychologique élaborée par dix siècles chrétiens — et je ne parle pas de Corneille chez lequel l'esprit de chevalerie a toujours survécu aux formes du passé médiéval. Phèdre connaît la monstruosité de son amour et s'efforce de le faire taire ; Néron, obstiné dans son crime, sait parfaitement qu'il fait mal. Ce monde d'exaltés met encore le mal et le bien à leur juste place et il les reconnaît pour tels. De quoi le spectateur moyen se plaindrait-il ? — Enfin, et chez Racine encore, l'analyse la plus subtile conduit toujours le dramaturge à un de ces grands coups de synthèse tragique qui résument le personnage et le dressent vivant devant nous. Devant nous ? Cette fois, je veux dire « devant tout le monde ».

« Venez ici, Néron, j'ai deux mots à vous dire. »

Assemblez une foule immense : la foule entière frémira.

Mais je me hâte d'ajouter qu'avec Racine, nous arrivons au point extrême où le danger. de la littérature analytique cesse d'être une menace pour devenir une réalité. Un théâtre trop raffiné, trop littéraire tend nécessairement à s'éloigner de son objet. C'est grâce à son bon sens supérieur que le poète d'*Andromaque* demeure ouvert à tous. Certes il lui fallait ce détachement, ce repliement sur soi et sur l'élite, dans les conditions spéciales où se posait le problème de l'art tragique environ 1650, pour enfanter les quelques chefs-d'œuvre suprêmes que seul il pouvait nous donner. Mais, à s'entendre trop approuver par les « purs », seuls capables de discerner toutes les nuances d'un ouvrage par ailleurs simple et d'un abord aisé, on risque d'incliner au mépris du vulgaire, de ne plus écrire que pour les « purs » : c'est la loi de tous les cénacles ; nous touchons la frontière entre le théâtre et l'écrit.

Nous ne saurons jamais jusqu'où Racine eût poussé la dissociation des sentiments et, en conséquence, des personnages, si sa conversion, sa lassitude ou son dépit, n'eût interrompu son œuvre profane. Les deux sujets bibliques plus larges, plus sommaires qu'il accepta de traiter sur le tard lui imposèrent une esthétique plus directe, plus élémentaire, plus saine. Au fait, il n'eut pas de vieillesse ; on ne peut la juger sur eux. La vieillesse du grand Corneille, avec des éclairs de génie, nous offre un autre exemple du danger qu'il y a

à raffiner par trop sur les moyens. Inquiet, peut-être jaloux des succès de son jeune émule, il cessa de peindre par masses et de dessiner à grands traits ; il cultiva de préférence ses défauts. De là cette préciosité, ces intrigues inextricables et ces tours elliptiques qui rendent la plupart de ses dernières tragédies à peu près illisibles et peut-être injouables, hélas ! Son public le lui fit bien voir. Mais la preuve la plus frappante de la crise de l'art dramatique classique au lendemain de son épanouissement, je la trouve dans le vrai continuateur de Racine, dans le merveilleux Marivaux.

Il fit le pas que son maître n'avait pas fait et qu'il se fut sans doute bien gardé de faire : il n'écrivit plus que pour lui. ? Notez que l'art de Marivaux m'enchante, sur le plan littéraire, sur le plan dramatique ; mais ces deux plans, il va les séparer. Ce qui l'intéresse avant tout, ce n'est pas tant le personnage que la rareté de ses sentiments. Voulant nous étonner et s'étonner lui-même de son ingéniosité, il coupe les cheveux en quatre, en huit, en seize, en trente-deux. Chez lui on ne se déclare qu'après s'être vingt fois dé-déclaré ; on ne s'aime qu'après s'être vingt fois désaimé ; on ne se donne que pour mieux se reprendre et ensuite mieux se donner ? et l'on finit même par ne plus savoir si l'on se donne ou se dé-donne. Les sentiments jouent leur jeu propre, un jeu subtil et transparent. Or, à travers ce fin réseau, le personnage divisé s'échappe, l'être de chair s'efface et se dissout. Et il ne reste plus sur la scène qu'un charmant causeur, rompu du reste à la gymnastique savante du *Théâtre de la Foire*, habile comme pas un aux cabrioles, aux virevoltes du tréteau, et c'est par quoi il tient encore par un fil à l'art dramatique. Mais la machine tourne à vide, elle n'entraîne plus que des mots. Je défie bien qui que ce soit de distinguer chez Marivaux, parmi tant d'amoureux et d'amoureuses en quête d'aventures, un seul ou une seule qu'il puisse nommer par son nom. Pas un Rodrigue et pas une Monime. Un pas de plus, l'art dramatique est au tombeau. Du moins, on ne jouera plus qu'aux chandelles devant un demi-quarteron d'invités choisis.

IV.

C'est le théâtre clos, en puissance chez Jean Racine. La tradition du théâtre ouvert et qui ne tend aucunement à se fermer se perdrait-elle au moment où l'art dramatique atteint à la perfection ?

Non, un homme l'a maintenue, et si fortement, et si rudement que son art aujourd'hui touche encore le plus bas peuple, tout autant qu'il touche l'élite, peut-être plus. Cet homme est Molière et il faut proclamer à la louange de son siècle que, goûté par la foule, il fut soutenu par le roi. L'élite de ce temps n'était donc pas aussi séparée de la communauté nationale qu'on serait tenté de le croire d'après certains historiens ? Elle avait aussi de la bonne humeur ; elle entendait la saine plaisanterie. Elle n'était pas composée exclusivement de précieux.

Molière naît anti-précieux, anti-esthète. Molière naît peuple, artisan ou petit-bourgeois. C'est pourquoi il naît dramaturge. À cheval sur la cour et sur la ville, il garde par ses farces et même par ses comédies de caractère le contact avec le grand nombre : il prend sa servante à témoin. Boileau blâme « le sac où Scapin s'enveloppe » : il faut lui donner tort. C'est par ce sac précisément que Molière affirme, confirme la grande tradition synthétique du vrai théâtre qui veut des objets définis, des personnages solides et campés en peu de traits et une action imagée. En face des excès possibles du drame purement intérieur, il pose les droits acquis, les droits antiques, les droits naturels et traditionnels, traditionnellement français de l'action extérieure, manifestée par les gestes comme par les mots.

Dans les gestes et dans les mots, qu'il fasse agir ou discourir ses personnages, son don premier, essentiel, qui est le don premier, essentiel du dramaturge, c'est le rythme. Je veux bien qu'il le doive — du moins en partie — aux farceurs italiens. Mais il l'a poussé à un point où imitation devient création, où le procédé devient poésie.

J'ouvre ici une parenthèse. Le Molière authentique, c'est, selon moi, le Molière de la prose. Non que je fasse fi de son œuvre en vers, ni de l'*École des femmes*, si jeune, ni du *Misanthrope*, si mûr, ni du *Tartuffe*, si âpre. Mais ils marquent chez lui un effort, presque une contrainte, par la littérature, qui n'étaient pas nécessairement dans la ligne de son destin. Je mets à part *Amphitryon* et sa part de *Psyché*, miracles de variété et d'aisance. Molière eut pu ne pas savoir rimer ; il n'en eut pas été mutilé dans son être même. Si le rythme donné de l'alexandrin ne contrarie pas toujours son rythme inné et personnel, son rythme en quelque sorte physiologique, il le modère, il l'atténue, il en polit les angles, l'arrondit, le rend moins tranchant moins convaincant et moins scénique. Même dans la tirade en vers la plus aisée, la plus brillante, la plus proche de cette merveille des merveilles qu'est une tirade du *Menteur*, il semble avoir endossé un habit qui n'est pas le sien, oui, un habit de confection qui prendra forme sur lui, à la longue. Seule une parfaite bonhomie sauvera ses gestes gauchis, un peu gênés aux entournures. Aussi écrira-t-il ses vers, par esprit de contradiction ou par humilité, plus prosaïques que sa prose. Si nous cherchons son rythme intime, il n'est pas là.

Prenons une scène au hasard, par exemple la première du *Médecin malgré lui*.

SGANARELLE

Non, je te dis que je n'en veux rien faire et que c'est à moi de parler et d'être le maître.

MARTINE

Et je te dis, moi, que je veux que tu vives à ma fantaisie et que je ne me suis point mariée avec toi pour souffrir tes fredaines etc…

À propos de Corneille et de Racine, Péguy parlait du « départ en falaise », le souverain accent des premiers mots, abrupts, qui posent l'action et nous y font entrer dans la seconde :

Impatients désirs d'une illustre vengeance…

Ou bien :

Oui, puisque je retrouve un ami si fidèle…

Ou bien encore :

Oui, je viens dans son temple adorer l'Éternel.

Personne, en prose, n'en a usé comme Molière. On a remarqué le départ. L'accent y est, déjà le rythme. Deux phrases denses, carrées, symétriques, chacune commandant un geste, chacune campant un personnage, et en pleine action. Le mouvement est amorcé. Il se continuera dans ce « tempo », avec accélérations, ralentissements et reprises. Aux phrases de volume égal qui se répondent comme des vers, une longue à une longue, une brève à une brève, succéderont des espèces de stances où longue et brève alterneront :

MARTINE
J'ai quatre pauvres petits enfants sur les bras.
SGANARELLE
Mets-les à terre.
MARTINE
Qui me demandent à toute heure du pain
SGANARELLE
Donne-leur le fouet...

Et on remarquera le « presto » final, le plus brillant du théâtre comique, qui, une fois les coups de bâton appliqués, après une cascade d'adjectifs, conclut sur une phrase bien assise et d'un effet irrésistible, la certitude de l'accord parfait.

MARTINE
Ivrogne que tu es !
SGANARELLE
Je vous battrai.
MARTINE
Sac à vin !
SGANARELLE
Je vous rosserai

MARTINE
Infâme !
SGANARELLE
Je vous étrillerai.
MARTINE
Traître ! insolent ! trompeur ! lâche ! coquin ! pendard ! gueux ! bélître ! fripon ! maraud ! voleur !
SGANARELLE *levant le bâton*
Ah ! vous en voulez donc ! (Le bâton frappe)
MARTINE
Ah ! ah ! ah ! ah !…
SGANARELLE
Voici le vrai moyen de vous apaiser.

Est-ce là de la prose ? Appelez cela comme vous voudrez. Cela est du théâtre ; cela ne peut être que du théâtre. C'est en tout cas la prose que doit employer le théâtre, s'il veut être autre chose qu'une suite de conversations invertébrées comme il s'y résigne aujourd'hui : une prose directe, active, scandée et stylisée, suscitant, suivant, épousant une action visible, recevant d'elle et lui rendant impulsion. Elle n'aura pas en toutes occasions, le même mordant, la même hâte, la même frénésie rythmique. Mais dans un mouvement lent, dans un dialogue coupé de silence, elle obéira aux mêmes principes et obtiendra la même variété d'effets. Je ne connais pas d'exemple plus net, plus éloquent de ce que devrait être la pensée constructive du dramaturge. Il sera tenu d'ordonner non seulement des sentiments et des idées, mais des mots et des gestes, le mot lié au geste, le geste au mot.

Ainsi assurera-t-il, ainsi Molière assurait, ce contact étroit, continu, vivant, organique avec une foule. Par un enchaînement et une progression de mots précis qui forcent l'audition et s'impriment dans notre oreille avec autrement de force que le mou langage courant. Par un enchaînement et une progression de gestes qui forcent notre vue et qui s'impriment dans nos yeux. Enfin par un mouvement général aussi tonique qu'une danse, qui porte tout notre être vers le dénouement... Presque toutes les comédies en prose de Molière, même celles qui ne comportent pas de divertissement proprement dit, sont conçues comme des ballets, dans un sens à la fois plastique et dynamique. Elles semblent faites pour être dansées sur la musique du texte, une sorte d'improvisation libre et réglée où le mot et le bond naîtraient ensemble de concert. Devant ce concours de signes sensibles qui expriment en l'épousant la pensée secrète du dramaturge avec une clarté et une vigueur sans pareilles, pour refuser sa porte il faudrait être aveugle et sourd.

C'est ce qui fait que cet art de « farceur » est, par essence, populaire, d'autant qu'il émet des pensées conformes au bon sens moyen, et qu'il prête à ses personnages des réactions communes et prévues, dans le fil des mœurs courantes et de la morale de tous les jours. Là aussi il y a les bons et les mauvais, les sages et les fous, ou simplement les sots. Il y a, avant tout, la vie — la vie d'un temps et la vie de toujours. On est chez soi et entre soi : on se connaît, on se comprend.

Les conditions d'une si parfaite réussite faut-il encore les rappeler ? Le génie mis à part, qui ne suffit jamais tout seul, Molière a une scène et une compagnie ; Molière a un public. Pas un instant devant son écritoire, il ne sera tenté, comme Racine, d'écrire pour lui-même et quelques beaux esprits : sa troupe et son public l'attendent. — *Il connaît sa troupe* ; il l'a faite ; il sait de quoi elle est capable. Il ne tracera donc un mot qu'en fonction de l'intonation, de la mimique et du geste possibles. Il travaillera avec sécurité et avec fièvre, dans une matière qui vit. Avec fièvre ? bien sûr : une œuvre dramatique qui sent l'huile perd une grande partie de son pouvoir. Elle peut avoir été longtemps mûrie ; elle peut être, plus tard, patiemment polie : mais elle doit être écrite vivement. — *Il connaît son public* ; il sait qu'il réunit l'élite de la nation et la masse de la nation, l'homme de la cour et l'homme de la rue : il veut être entendu de tous. Il a étudié dans quelles conditions porte le mot, porte le geste ; dans quelles conditions de rythme, de volume, de style, et aussi par quels sentiments son œuvre peut atteindre à la fois l'élite et la foule. Il y a encore, grâce à Dieu, à côté des salons, une société au sens large du mot, dans la France du xviie — et il en fait partie. Il n'aura pas à forcer sa nature pour se mettre au ton de son temps.

Oui, avec le génie, il a la chance ; je disais plus haut : le bonheur. Le bonheur d'être praticien du théâtre et non d'abord littérateur, d'avoir un instrument technique à sa portée, à sa mesure. Le bonheur de se trouver d'accord avec son époque, avec le public qui sera le sien. Il y va de tout cœur, dans une entière certitude. Plus rien d'hybride dans son cas : l'écrivain et le « producteur » ne font qu'un. À aucun moment de sa carrière, « l'activité fabricatrice », comme disent les thomistes, ne gauchira. Il s'est fait une idée de l'art qui compose avec la matière. En lui collaborent secrètement avant de collaborer en plein feu, l'auteur, l'acteur et le public.

*

Voici donc renouée, et surtout du fait de Molière, la tradition du « théâtre ouvert » qui fonde sur l'échange le plus vaste et le plus direct son ambition. J'ai cité *le Menteur*. Quelques comédies de Corneille, celles de Regnard — et sous un certain angle celles de Marivaux — plus tard celles de Beaumarchais, le tout relié par le

Théâtre de la Foire, forment la chaîne continue de cette antique tradition. C'est à elle, nous le verrons, qu'il convient aujourd'hui de s'accrocher de préférence.

Mais un fait nouveau est intervenu : la fondation d'un « théâtre clos » à l'usage de l'élite, amorcée sinon accomplie par Racine. Nous aurons à compter avec ce précédent. En poursuivant notre exploration à travers le dernier siècle, nous verrons se former d'étranges hybrides entre ces deux conceptions. Ne vaudrait-il pas mieux les séparer ? La société se défait ; l'art dramatique la suivra dans son mouvement de déliquescence. Pour refaire l'art dramatique, faudra-t-il refaire la société ?

Chapitre III
D'Hernani au Théâtre Libre.

Le génie de Molière a du moins sauvé l'art comique de la réclusion où l'art tragique allait périr. Il poursuivra sa carrière avec des fortunes diverses, sans grand éclat — Beaumarchais est une exception. Tous les auteurs comiques qui naîtront — ils seront rares — devront au père de la comédie leur ton, leur style, leur métier. Je n'en vois que trois à citer au cours du xixe siècle : Labiche (mais oui, Labiche) Courteline et Georges Feydeau.

Mais que deviendra l'art tragique ?

I.

La tragédie racinienne est morte de sa perfection. Elle se survit chez Voltaire. Elle donne un chef-d'œuvre, l'*Iphigénie* de Goethe, art de cabinet, et sans ouverture, à la mesure du petit théâtre clos de Weimar. On l'a si bien senti en France que le poncif racinien florissant au xviiie siècle, a cédé peu à peu le pas au poncif cornélien. C'est la dramaturgie cornélienne, plus extérieure, que les auteurs tragiques de la Révolution et de l'Empire vont rajeunir à la mode du temps. Mais avec eux, eh dépit de l'infusion de quelques gouttes de sang shakespearien, elle deviendra exclusivement oratoire. On guindera ses attitudes et on enflera ses discours. David vient de fonder son néo-classicisme ; c'est le maître du mode abstrait. Grand peintre de portraits, il a, pour ses allégories gréco-romaines, rompu avec les écoles vraiment classiques qui perpétuaient en Chardin le vieil art français, en Watteau, le grand art flamand. Ses médiocres émules au théâtre rompront tout commerce avec l'homme pour ne proposer au public que des héros glacés et, pour mieux dire, des vertus. L'impassible stoïcien remplace le chrétien faillible que sous des noms grecs et romains le xviie siècle évoquait. On croit qu'en idéalisant, à l'exemple incompris des Grecs, on obtient un art plus lisible et plus frappant : on le dessèche. On sacrifie le mouvement à la stature, le « dynamisme » à la fausse grandeur. Passe encore si ces nobles formes étaient remplies d'humanité : elles sont vides. Formalisme et déclamation. La tragédie a dit son dernier mot au grand public. Flattant les passions du jour — elle est bourrée d'allusions politiques — elle garde encore un semblant de vie. La tourmente passée, rien ne saurait la soutenir.

Le drame bourgeois réaliste est né, avec Diderot, La Chaussée, Sedaine : d'une lutte encore confuse, il sortira seul vainqueur ; c'est l'héritier présomptif et médiocre d'un art qu'il nie par sa médiocrité et dont il chassera pour un siècle la poésie.

Mais n'anticipons pas. On s'explique aisément, au lendemain du règne de David, le succès foudroyant du drame romantique. On est las des discours et des attitudes, d'entendre parler de choses qu'on ne voit pas et que les pseudo-classiques du temps sont impuissants à suggérer. On vient de découvrir le Shakespeare tout cru que Ducis accommodait aux sauces les plus émollientes. On exige des actes et du mouvement. Cet art direct qui est celui de Molière sur le plan comique et qu'on reconnaît en Shakespeare sur un autre plan, on tente de le transporter ou de le transposer dans le cadre de la tragédie en cinq actes. Mais ici les réformateurs se divisent. Il y aura les poètes et les autres, les littérateurs et les autres. L'ère démocratique commence et, comme le public, les auteurs tendent vers l'irréparable scission. Si les deux formes du drame romantique qui va être instauré ont des rapports profonds entre elles, elles ne se confondent pas.

Côté poésie et littérature, spécialement côté Hugo, la réforme prendra un caractère théorique. Attribuant aux règles seules le dessèchement de la tragédie, respectant par ailleurs la coupe traditionnelle, l'emploi continu de l'alexandrin, la mécanique de l'intrigue inventée par ses ennemis — le pire de ses ennemis, c'est Racine — Hugo va s'attaquer surtout au parti pris classique d'épurer l'action de tout ce qui n'est pas véhément et tragique. Il ne voit pas que le ton moyen chez Racine, comme certaine ironie chez Corneille, est d'espèce comique, que leurs héros, vraiment humains, ne demeurent pas guindés dans leur noblesse et dans leur pathétique d'un bout à l'autre de l'action, qu'ils savent nuancer leur désespoir et leur furie. Au lieu de la nuance, il utilise le contraste. De là l'esthétique de l'antithèse qui est bien la plus sotte qu'on puisse rêver. Certes, faisant image, l'antithèse force l'attention ; mais autre chose est d'en user en respectant la vraisemblance, autre chose d'en abuser au mépris du simple bon sens. Il ne suffit pas d'opposer entre eux les éléments extrêmes qui composent la vie, pour créer de la vie. On sait, du reste, que cette esthétique démente s'appuie sur une éthique de combat où se manifeste la volonté aveuglément révolutionnaire de bouleverser les valeurs morales sur lesquelles s'entend encore la majorité des Français. Chez Hugo, le criminel est toujours le meilleur des hommes, l'honnête homme le plus mauvais ; le valet a l'âme d'un grand seigneur et la prostituée l'abnégation d'une sainte. Ainsi le veut la vie... Non, la thèse d'un partisan aux idées courtes et sommaires. En croyant rompre avec l'artifice classique qui polarisait certains sentiments et sous-entendait tous les autres, qui émondait le personnage mais respectait sa vérité, Hugo invente un artifice bien plus grave, funeste à la vérité même. Ce défenseur du vrai, ce champion de l'homme, travaille en vase clos, sans contact, sans amour réel. Il était incapable de sortir de lui-même et de créer des personnages. Des images ? tant qu'on voudra, les plus neuves et les plus riches. Des êtres ? pas l'ombre d'un seul. Humainement parlant, je ne sais rien de plus abstrait que sa pensée sous le débordement magnifique de l'ornement.

De là devait sortir ce monstre qui se prétend shakespearien : une tragédie sans étoffe, assez bien agencée extérieurement, mais privée d'armature et vide d'âme, uniquement soutenue par le don des mots.

À y bien réfléchir, pouvait-on espérer du romantisme poétique un art dramatique quelconque, quand l'orientation du poète tendait à devenir de plus en plus égocentrique.

Un romantique ne songe qu'à soi, ne pense que par soi et ne vit que pour soi. Il se propose à l'admiration du monde et se refuse à y entrer. Si bien que son théâtre ne comporte plus qu'un auteur ; l'acteur devient son double, son instrument passif et non le serviteur du personnage. Pourquoi même un acteur ? il n'y a plus de personnages. Y a-t-il au moins un public ?

Un public étendu s'est plu longtemps aux drames de Victor Hugo. Mais je crois qu'il y a maldonne. C'est le même qui, plus tard, applaudira les pièces de Rostand. Un public fouetté par les mots et qui prend les mots pour des choses, ébloui par les images et qui les prend pour des êtres. L'intrigue le captive, le verbe l'étourdit ; le jongleur ne lui laisse pas le temps de se reprendre. Théâtre clos ? Non pas : les hommes de goût et de réflexion s'en détacheront les premiers et il est jugé à cette heure. Théâtre populaire ? Si l'on veut, mais dans le plus mauvais sens du mot ; un théâtre où l'auteur ne collabore avec la foule qu'en la flattant, qu'en l'aveuglant et qu'en rusant avec sa bonne volonté. Avec d'autres moyens, et devant un autre public, il en sera ainsi du théâtre d'Henry Bataille. Un théâtre sophistiqué.

Mais en face d'Hugo, sans ses prétentions, en marge de ce qu'on nomme la littérature, le véritable drame romantique s'installe sur le « boulevard ». Ce boulevard sera le Boulevard du Crime. Le mélodrame, voilà le drame romantique essentiel, en ce qu'il a de plus justifié. On connaît ses défauts, l'antithèse n'en est pas exclue ; le ton grossièrement emphatique nous ferait bien rire aujourd'hui ; ses personnages ne nous semblent pas moins falots que Triboulet et Marion de Lorme ; ses entassements de cadavres feraient pâlir le plus sanglant des drames élizabéthains. Mais, du moins, il est franc ; il ne farde point ses mensonges ; s'il flatte le goût du public, c'est loyalement, par les faits. Tout pour l'action. Bien nouée, bien dénouée, évidente aux yeux des plus illettrés, elle fait bouger les acteurs, trembler les planches ; elle réalise, dans le drame, ce dynamisme que Molière obtient dans la farce et la comédie, et finit par prêter un semblant de réalité à des ombres ; elle agit dans l'instant sur les spectateurs. Un véritable créateur pourrait s'en emparer et lui donner la consécration humaine.

Le grand malheur, c'est qu'elle se suffit ; c'est que déplaçant le centre du drame et sa valeur active qui est malgré tout dans l'auteur en tant que créateur de personnages, elle le transporte dans l'acteur. Le mélodrame romantique, ce sera Frédéric Lemaître, et, quelques décennies après, Sarah Bernhardt plutôt que leurs fournisseurs ordinaires, Auguste Maquet et Sardou : l'instrument se rend maître de l'ouvrier. Sainement populaire dans son principe, le genre s'avilit progressivement, à mesure qu'il spécule sur le talent éclatant de ses interprètes et sur des sentiments de plus en plus vulgaires, ceux de la midinette et du bellâtre de faubourg. Nous possédons des mélodrames adroits de Dumas père ; c'est tout : le maître qu'on attend ne viendra pas. Du moins, il faut marquer un point : l'action extérieure est réhabilitée ; elle a le droit de composer avec l'action intérieure comme dans *Othello* et le *Roi Lear*. Et voilà de quelle façon l'esthétique de Shakespeare s'installe en France.

Pendant ce temps, la comédie proprement dite qui dormait depuis Beaumarchais s'éveille sous les traits du vaudeville dont Eugène Scribe et ses émules assurent le règne durant cinquante ans et il n'y en a plus que pour l'intrigue, pour l'agencement ingénieux d'une action sans intérêt humain, teintée de sensiblerie et qui ne vaut que par l'adresse de celui qui tire les fils : l'école des combinaisons. Entre le vaudevilliste et le bâcleur de mélodrame, y a-t-il encore place pour un écrivain créateur ?

Certes ; mais en rompant avec la poésie qui est la règle d'or du théâtre depuis les Grecs : je préciserai plus loin ce que j'entends par la poésie au théâtre. Le drame bourgeois va faire ses preuves et assurer sa domination. Il y a pourtant une exception ; je dois d'abord lui rendre hommage.

Un homme s'est levé, un jeune homme, le plus humain des grands poètes romantiques, le moins embarrassé de théories — esthétiques et humanitaires —, le plus français. C'est Alfred de Musset.

Il a tout ce qu'il faut pour faire un dramaturge, j'entends tout ce qui ne dépend que de lui-même — et justement le dramaturge qu'il nous faut. Il parle une langue aisée et limpide ; le jargon romantique, il ne l'emploie que par « dandysme », et un peu « à la blague », avec parfois un sourire de coin. Il connaît les hommes et les aime. Son égocentrisme ? attitude ; il le réserve pour ses vers. Il porte dans le sang la plus aimable tradition française, mi-chrétienne, mi-galante, chevaleresque. Il goûte en Marivaux ce qu'il a de plus spontané. Enfin, s'il a quelque peu fréquenté chez les romantiques allemands, il n'en est pas toujours dupe. Il admire surtout Shakespeare, il le sent et il l'aime, et non en théoricien, mais en ami. Il est trop fin pour ne pas distinguer dans l'œuvre du grand dramaturge ce qui est humain et universel de ce qui est spécifiquement anglais, ce qui est transmissible, recevable au xixe siècle et en pays français de ce qui heurte notre goût. Il l'allégera, s'il le faut, le filtrera, le polira ; il lui appliquera un traitement non pas tout restrictif comme le bon Ducis au xviiie, mais subtil et vivifiant. En vérité, grâce à sa formation classique et à sa sympathie naturelle pour la nouveauté, il se tient au point juste où les deux traditions se croisent. D'une part celle du Moyen-Âge qui nous revient par l'étranger, spécialement par l'Angleterre ; de l'autre celle du xviie qu'il n'aurait pas le cœur de renier. Dans ces conditions, il écrira pour le théâtre. Mais comment sera-t-il reçu ?

Après quelques essais de théâtre en vers, plutôt poèmes dramatiques que drames et qui échouent brutalement ? ils sont, à mon sens, exécrables — il écrira en prose coup sur coup, *Barberine, Fantasio, les Caprices de Marianne, On ne badine pas avec l'amour, le Chandelier, Lorenzaccio*, j'en passe, une dizaine de pièces en trois ans (1833-1835). Les œuvres poussent les œuvres ; l'arbre est en pleine sève. Or, la première de ses pièces qui verra le feu de la rampe ne le verra qu'en 1847. Ce ne sera pas même une de celles que j'ai citées : il faudra que le pauvre auteur, restreignant ses ambitions, compose une comédie de salon à trois personnages, un petit chef-d'œuvre du reste — c'est un *Caprice* — pour qu'une scène s'ouvre devant lui. Alors, on se décidera à monter dans la même année (1848) *Il ne faut jurer de rien, le Chandelier, Il faut qu'une porte soit ouverte ou fermée*, et ce proverbe où il ne donne pas sa mesure, pour cette raison sans doute, n'aura attendu que trois ans. Ses autres pièces dormiront dans le livre : on les découvrira après sa mort.

Art trop fermé ? Non pas ; il est à la portée de tout le monde. Trop fragile ? Peut-être. Où et comment se serait-il fortifié. Il n'a pas connu le grand air qui fouette, le courant d'échange qui trempe et nourrit. On le dira trop libéré des conventions établies et par exemple de la coupe en actes ? Je puis l'accorder. Mais joué une fois, ayant éprouvé l'instrument dont il disposait, le jeune dramaturge aurait appris à s'en servir, à adapter aux habitudes du théâtre sa fantaisie irréfrénée. Nous ne savons pas si son art y aurait perdu ou gagné ; l'absence de contrainte lui aura permis d'entrevoir des possibilités nouvelles pour la scène : il n'a pas pu les expérimenter. Soumis à la commune loi, il eut serré davantage l'intrigue et réduit la part de la poésie : ces deux bienfaits ne l'auraient-ils pas appauvri ? Je pense, quant à moi, qu'il eut surmonté l'exigence et imposé la sienne peu à peu. Personne n'eut pu tarir en lui ce don du mouvement, cette divination du cœur humain et ce lyrisme actif qu'à un moindre degré il partageait avec Shakespeare, et la scène les eut servis. Mais faute d'instrument, il reste dramaturge en chambre ; il ne conçoit plus ses ouvrages que comme des rêves irréalisables ; pourquoi donc s'inquiéterait-il des moyens matériels de les réaliser ? il se donne la comédie « dans son fauteuil ».

… Bientôt sa fougue tombe, lasse de créer dans le vide. Quand il monte sur le théâtre, c'est en qualité d'auteur de « proverbes » ; il n'a rempli qu'à demi son destin.

Il avait le génie ; mais il n'a pas eu le bonheur. Ses œuvres, telles qu'elles sont, témoignent d'un don merveilleux, absolument unique dans son siècle. Elles posent un jalon sur la piste nouvelle que suivra peut-être demain un art dramatique vraiment français. Art comique et tragique librement mêlé, glissant d'un plan à l'autre et ménager de l'antithèse, où la douleur fond dans la joie, le sourire dans les pleurs, où la vie se montre diverse, mais tissée dans la même soie, par le miracle d'une poésie qui unifie les sentiments sans les fausser. Là, les êtres vivent et s'écoutent vivre, mais pas assez pour suspendre la vie au profit de l'esprit et du jeu des mots. Du Shakespeare français où Watteau a posé son aile. C'est la première fois chez nous que l'action prend l'aspect d'un conte, d'un récit aéré et aérien, où tout n'est pas essentiel, mais où tout pourtant est utile. L'intrigue s'est relâchée au profit d'un enchaînement plus souple et plus capricieux ; les personnages secondaires acquièrent une vie propre sans faire tort aux principaux auxquels ils ne se bornent plus à donner à froid la réplique ; et l'action ainsi conduite, par scènes successives, à travers les temps et les lieux, trace une courbe moins tendue, mais frémissante et capable d'envol.

Écrivant pour n'être pas joué, Musset a peut-être abusé de ces franchises. Mais il ne tient qu'à nous de les remettre au point le jour où nous pourrons les éprouver. À tout le moins, il sut opposer en son temps au vaudeville ainsi qu'au mélodrame où l'intrigue maîtresse se substitue à l'action, conséquence éloignée de la technique racinienne déchue, une forme moins abstraite, moins intellectuelle, pleine de ressources imprévues où la vie et la poésie pourront jouer.

II.

Ce n'est qu'un intermède. Un seul poète contre le réalisme envahissant. Il n'aura pas de descendants, sinon pour un instant, Banville. Une sorte de tragédie teintée de romantisme qu'on appelle « la pièce en vers » représentera seule au cours du siècle finissant, et abusivement à mon sens, la poésie. Genre faux ; et dans l'ensemble œuvres honnêtes et médiocres.

Le dramaturge-poète Musset écrivait en prose ; le plus poète de théâtre, c'est pourtant lui. Mais convient-il déjà de présenter ma pensée sur ce point ? Jusqu'à l'avènement du théâtre bourgeois, tous les dramaturges sont des poètes. Non pas parce qu'ils écrivent en vers — voyez Molière — mais parce qu'ils transposent la réalité sur un plan d'ordre, d'harmonie, de simplification, de sublimation, de beauté rythmique, de beauté plastique, j'ajouterai de gratuité qui la met en valeur et lui confère une noblesse qu'elle n'a pas à l'état brut. Dans la tragédie, dans la comédie. Chez les Grecs, chez les médiévaux, chez Shakespeare, chez Calderon, chez nos classiques. Pour toucher le public, on le dépayse ; avec un recul calculé dans le temps ou l'espace, on lui propose des exemples particuliers de la plus grande généralité humaine, mais selon l'esprit de son temps. La scène est un miroir où il se voit non dans son apparence passagère, mais dans son fonds permanent, éternel. Non photographié, mais non plus déformé : transfiguré, si j'ose dire. C'est tout l'opposé du naturalisme, et sans dommage pour le naturel ; car, celui-ci, on ne l'altère pas, mais on l'ordonne. Cette transposition nécessaire — souvenez-vous de la première scène du *Médecin malgré lui* — porte sur les mots, sur les gestes, sur les mouvements, sur les groupements, et par extension sur les couleurs, pour composer une fresque mouvante, image exacte de l'action entièrement suscitée par le texte écrit, inscrite dans ce texte même. Tel fut et tel est le théâtre ; telle fut à toutes les époques, sous tous les ciels, et telle doit être aujourd'hui ce que j'appelle la poésie de théâtre sans laquelle le théâtre ne sera plus ce qu'il a toujours été. Musset l'avait compris.

Le théâtre lui tourne le dos. Car voici « la pièce moderne » ; mi-partie drame, mi-partie comédie, on ne saurait lui donner un nom plus précis.

Issue, je le répète, des essais mort-nés de Diderot — mais qui a lu le *Père Prodigue* ? —, de la comédie larmoyante de Nivelle de la Chaussée, elle expulse d'autorité la fiction et le passé, les héros de la légende et les héros de l'histoire, les créations de la fantaisie et l'héritage de la tradition. Il n'y a plus de bon à peindre que l'homme de la rue, tel qu'il se présente à nous tous les jours, avec ses habits, avec son parler, avec ses gestes ordinaires et sans aucune modification.

Voici, du moins, le but. On n'y parviendra pas du premier coup. Durant un siècle, on ne cessera pas d'y tendre.

Oh ! il n'est pas mauvais de s'appuyer sur la réalité. Aucun dramaturge n'y a manqué. Il n'est pas interdit d'observer les mœurs et les êtres. Croit-on que Molière s'en soit privé ? Mais peindre n'est pas reproduire. Tailler à même dans la vie, n'est-ce pas plutôt l'affaire du roman ? Le fait est là : le dramaturge bourgeois du siècle dernier a usurpé la place du romancier et transporté le roman au théâtre. Voyons donc ce qu'il en a fait.

S'il fallait dresser un bilan, je citerais quelques pièces d'Émile Augier, une œuvre maîtresse de Becque — non *la Parisienne*, tellement surfaite et déjà démodée, mais *les Corbeaux* — et presque tout le théâtre d'Ibsen, parmi quelques autres ouvrages, honorables sans doute, mais de moindre valeur. Réussites exceptionnelles d'un art qui ne transpose pas et qui ne peut pas transposer. La tragédie, de par sa nature, transpose ; elle a le masque, le cothurne, le style ; elle épanouit et grandit l'objet. La comédie n'échappe pas à la loi commune ; elle accuse et grossit les traits ; elle fait entrer dans un rythme le langage quotidien et le comportement naturel de l'individu. Tout de même la farce, et les divers composés de la farce, de la comédie, de la tragédie qui constituent le drame shakespearien. Et aussi le « miracle » et aussi le « mystère ». Rien de pareil dans la pièce bourgeoise. Disons qu'elle renonce au « style », dans tous les sens du mot. Le « style » est mensonge, tromperie, offense à la réalité. Le respecter, c'est accepter « l'informe », l'honorer, le diviniser comme seul moyen d'expression.

Les deux maîtres du genre seront Augier et Dumas fils.

La prise directe sur le réel, — oh ! une prise encore molle, timide, gênée par des conventions, — permettra à Émile Augier d'établir quelques caractères. Écrivain d'un autre âge, il a influencé le nôtre plus qu'aucun. Je connais telles œuvres récentes, honnêtes et solides, qui sont de l'Augier rajeuni. En vérité, il fonda l'esthétique moderne ; bien ingrat qui le renierait. Un véritable malfaiteur viendra lui disputer la place : Dumas fils justement. Augier se contentait de peindre, lui prêchera. Il introduira l'idéologie dans le cadre bourgeois ; il plaidera des causes en trois points. Le protagoniste de toutes ses pièces sera le personnage qui y participe le moins, le *raisonneur*, c'est-à-dire lui-même qui a toujours son mot à dire sur le mariage et sur le divorce, sur l'adultère et sur les enfants naturels. Inventeur de la « pièce à thèse », il aura une nombreuse postérité qui ne s'avouera pas toujours. Chose étrange, il reste vivant grâce au premier de ses succès, la *Dame aux Camélias*, fleur bourgeoise du romantisme.

Mais nous voici au seuil de la période contemporaine. Avant d'y pénétrer, demandons-nous où en est le public.

Cette période correspond à peu près à l'entre-deux guerres : 1870-1914. Elle nous a formés et nous en héritons. À dire vrai le public qu'elle nous lègue n'est plus exactement celui qu'elle a reçu. Mais l'évolution de celui-ci, amorcée depuis plus d'un siècle, dictée par les idéologues, encouragée par les institutions, accélérée par les débats et les fantaisies de la politique, s'est poursuivie sans interruption jusqu'à nous. D'aucuns diront que c'est une dégringolade. En tout cas, qu'il y ait progrès ou recul, ce qui était vrai du public en 1875, l'était encore en 1900 et à la veille de la dernière guerre — et le demeure au lendemain de celle-ci. Question de degré, rien de plus. Si la nation ne s'est pas dissoute — le travail de vingt siècles ne se défait pas en cent ans — la société s'est décomposée. De société proprement dite, il n'en est plus guère aujourd'hui. Ni la vie communale et provinciale, qui, en dépit des troubles et des guerres et fondée qu'elle était sur une religion, créa au Moyen-Âge certaine unité de culture, ni la vie nationale déjà centralisée qui, de Paris et de la Cour, rayonnait au xviie jusqu'aux plus lointaines provinces, ne subsistent chez nous pour étayer une idée commune de l'homme, de ses devoirs, de ses besoins et encore moins une idée commune de l'art. Tout le monde n'était pas lettré dans les siècles passés — quoiqu'on le fut plus qu'un vain peuple pense ; — tout le monde, du moins, participait de près ou de loin à la culture générale. On serait bien embarrassé de définir la culture générale de notre temps. Les modes de sentir, les modes de penser, se sont multipliés sous la double influence de l'individualisme et des échanges entre les nations. Dans les tombereaux d'imprimés — journaux, revues et livres, — qui se déversent tous les jours sur le pays, chacun choisit selon son goût ou, plus souvent, selon le goût que la publicité, la mode, l'esprit de parti, la critique lui imposent à son insu ; il en va de même pour les spectacles. La civilisation mécanique a augmenté considérablement la part du loisir dans la vie de l'homme, en conséquence la part du plaisir. Ce n'est plus seulement le cinéma hebdomadaire qu'on réclame, c'est le cinéma quotidien, tandis que les ondes de la radio coulent à robinet ouvert. Je ne vous présenterai pas de statistique, mais il est sûr qu'en aucun temps, un peuple, même le peuple romain décadent, ne disposa d'un si grand nombre de tréteaux, de porte-voix et de mascarades. Cela est anormal. Cela est désastreux. Mais cela est.

N'oublions pas que le théâtre, dans les siècles passés, fut toujours une exception. Lié au culte chez les Grecs, il s'ouvrait périodiquement à l'occasion des grandes fêtes du culte. De même au Moyen-Âge, pour Noël et pour Pâques, aux anniversaires des Saints patrons. Au xviie siècle, combien comptait-on de troupes à Paris ? Quant au théâtre des « farceurs » je crois que les foires Saint-Germain, Saint-Antoine ou autres n'avaient pas lieu tous les jours. Le mal que l'exploitation quotidienne d'un théâtre, à plus forte raison de vingt théâtres, a pu faire et fait encore au goût public, partant à l'art dramatique, renonçons à le mesurer. Multiplication et dispersion ; notre public ne se sent plus les coudes ; il ne participe plus à une réjouissance commune, religieuse, nationale ou même seulement locale. Le plaisir du spectacle, en devenant moins rare, perd son prix... et sa qualité. On en peut jouir plus souvent ; alors on lui demande moins ; les fabricants et les commerçants en profitent. Nous sommes entrés dans l'ère commerciale, industrielle du théâtre : les manieurs d'argent s'en emparent : ils l'entendent comme une affaire : il ne s'agira plus que de fournir au spectateur un minimum.

Qu'irait faire dans cette galère l'auteur qui considère encore l'art dramatique comme un art ? À quel peuple unanime s'adressera-t-il ? il n'y a déjà plus de peuple. À quel public ? il y a cent publics. Il n'aura pas même le choix, s'il veut être joué, entre un théâtre clos et un théâtre populaire. Depuis tantôt un siècle, le théâtre français n'est plus ni l'un, ni l'autre, ni pour l'élite, ni pour tous. L'état de communion préalable que je plaçais dans l'exposé de mes principes, à la base même de notre art et qui est, selon moi, nécessaire dans les deux cas (dans le théâtre clos, communion surtout esthétique ; dans le théâtre populaire, communion en profondeur) n'est plus réalisé d'avance. On ne sait plus à qui l'on a affaire. Même dans l'éventualité, rare d'ailleurs, où l'on croit avoir affaire à l'élite ou tout au moins à une élite, de combien s'en faut-il que ceux qui la composent soient d'accord entre eux sur l'essentiel. Le public de « répétition générale » est-il une élite ? Je ne le pense pas, soit dit sans offenser personne. À plus forte raison le « grand public », fût-il recruté dans la même classe. Il ne saurait s'entendre mieux sur la pièce qu'on lui présente que sur la morale et la politique. Et songez que le monde, le demi-monde, le quart de monde, la bourgeoisie, grande et petite, les intellectuels, les artistes et un certain appoint d'artisans, d'employés, composent ce qu'on appelle aujourd'hui « une belle salle ». Pas un qui acquiesce à la même chose, pas un qui ait la même raison d'applaudir.

Cet état de communion non assuré, non préétabli, il faudra que l'auteur le crée de toutes pièces. Mais le problème est trop complexe, il met en jeu trop d'imprévu. Sans un certain concours, une certaine chance, disons-le : un certain hasard, il n'y a rien de fait, mais rien ! De sorte que cette collaboration difficile tendra fatalement, chez celui qui veut le succès, à devenir concession. En ces cinquante dernières années, l'histoire de l'art dramatique se réduit essentiellement à la lutte de quelques auteurs résolus contre un public amorphe ; et le plus souvent, au bout, la défaite. À moins que l'auteur défaillant ne se rende, armes et bagages, et ne se décide à flatter les préférences avouées que ses prédécesseurs auront inculquées au public. En principe, le public n'a pas de préférences ; il se laisse prendre par où l'on veut le prendre, à condition qu'on le prépare à être pris. Les entrepreneurs de spectacles ne se feront pas faute de l'y préparer. S'ils désespèrent de toucher le public, en même temps, de la même manière au point sensible — esthétique, moral, intellectuel ou religieux — ils viseront plus bas, certains de l'atteindre à coup sûr dans sa sensualité élémentaire. Ils le caresseront, ils le chatouilleront, ils l'accoutumeront à attendre de leurs auteurs cette caresse. La communion discrète ou cynique sur le plan animal, l'appel à la bête qui est dans l'homme, tel sera bientôt le moyen honteux de faire l'unanimité. À quelques exceptions près et avec quelques nuances qui pourront être littéraires, qui pourront être dramatiques et qui comporteront une certaine dépense de talent, ainsi s'avilira à la fin du xixe siècle, en suivant la pente de sa nature, le théâtre bourgeois, le théâtre « de boulevard » qui représente, pour le grand public, le vrai théâtre, le seul théâtre. Théâtre spécial pour public spécial, car, parmi la foule moderne, il va polariser un certain monde qui donnera le ton et qu'on suivra.

À cet art dégradé il faudra bien une esthétique de façade. Le « naturalisme » la lui fournira.

*

Mais, un moment ! J'ai anticipé sur les faits. Déjà André Antoine a fondé le *Théâtre Libre*, premier en date des théâtres à côté, de ces théâtres clos où va s'élaborer la notion du nouveau drame. Si son effort fut bienfaisant — nous dirons en quoi — il n'en a pas moins activé la décomposition dont je viens de tracer le sombre tableau, en aiguillant la production dramatique sur la voie du « naturalisme ». C'est à cause de lui que Porto-Riche, Bernstein, Bataille ont emboîté le pas à Henry Becque, sans sa puissance et son talent, et que, sous prétexte de vérité, tant d'auteurs se sont spécialisés dans le genre aujourd'hui le plus répandu : variations sur l'adultère. Mais tout d'abord, publions ses bienfaits.

III.

Quand Antoine parut, il est absolument certain que l'instrument aux cordes détendues avait besoin d'aller chez le luthier. On avait trop vécu sur certaines conventions qui n'étaient pas toutes mauvaises, mais qui offensaient à la fois la liberté et la raison. On en était resté au dogme de la « pièce bien faite ». La « pièce bien faite », selon Racine, était devenue peu à peu la « pièce bien faite » selon Scribe, puis selon Victorien Sardou. Tous les auteurs se soumettaient au mécanisme consacré, et faute de matière, après la mort d'Émile Augier, les rouages tournaient à vide. En de si pauvres occasions, comment l'acteur eut-il montré de la vie et du naturel ?

C'est le naturel et la vie — mal entendus, peut-être, — qu'André Antoine entreprit de réacclimater sur le théâtre. On en était si loin qu'il outra d'abord sa leçon. J'ai fait allusion plus haut à cette conception de la scène considérée comme une chambre dont on a enlevé l'une des cloisons et où des hommes d'aujourd'hui, comme vous et moi, continuent à vivre leur vie, sans se soucier de savoir si un public entend et les voit. C'était exactement la sienne. À l'acteur romantique jouant pour le public, il prétendit opposer l'acteur réaliste qui joue pour lui tout seul. Les deux excès sont condamnables, mais le premier, à mon sens, beaucoup moins que le second ; car, en l'exagérant, il maintient la notion d'échange, tandis que le second la supprime complètement. La vérité se place entre les deux ; on cherchera un moyen terme. Mais, du même coup, l'acteur romantique supprimait la notion de réalité ; il n'était plus qu'acteur ; il débordait son personnage ; et d'autre part, l'acteur classique auquel Antoine s'en prenait aussi, exagérant une sage tradition, se servait de moyens tout faits pour rendre les sentiments de son rôle. Contre eux, l'acteur selon Antoine — et ce fut Antoine en personne — avait sur les deux points raison : il demandait des leçons à l'homme lui-même ; il tournait le dos à la salle, mais pour paraître plus humain. Ses défauts, ses lacunes furent celles de l'autodidacte qui, grisé de ses découvertes, leur fait un sort hors de proportion avec leur réelle valeur. Mais, restaurant la vérité du geste, de l'intonation — ce qui est capital — s'il ne donne pas à la scène l'esthétique nouvelle, vivante et pourtant concertée, qu'elle attendait, il sauva un bien précieux : le respect de l'homme dans le personnage et par suite l'être même de celui-ci, sans quoi il n'y a pas de drame.

Ce réalisme extérieur, considéré techniquement, risquait d'engendrer une minutie qui n'est pas de mise au théâtre et qui distrait du principal : c'est la couleur locale dans toute son horreur. Mais sur le plan même du drame, il aurait pu susciter chez le dramaturge un retour humain sur son art et la recherche depuis longtemps abandonnée d'un réalisme psychologique essentiel. Par le scrupule du dehors, il aurait pu nous ramener au souci du dedans et quelques-uns s'en avisèrent. Voilà exactement l'apport d'Antoine, sans compter les auteurs nombreux qu'il aura suscités ou découverts. En ce temps, c'est-à-dire entre 1880 et 1890, l'auteur et l'acteur avaient grand besoin d'être rappelés à la réalité de la vie. Il en aura eu le mérite. Ce n'est pas sa faute si le mouvement, tout empêtré dans le plus bas naturalisme, se banalisa sur le boulevard, au lieu de s'épurer et de pousser en profondeur, grâce à de véritables dramaturges.

Il ne s'en trouva qu'un, l'auteur des Corbeaux, mais peu fécond, doutant de soi, torturé, mal reçu en raison de son talent même. Celui-ci avait un sens qui ne pouvait que manquer à Antoine et à ses amis, le sens de l'ordre, de la concision, du style et c'est par là que son œuvre a duré.

Parmi les autres, mais déjà sur un autre plan, je tiens à distinguer le noble François de Curel qui voyait grand, qui visait haut ; je reviendrai sur son cas par la suite. De bons ouvriers sans génie ; on les a déjà oubliés.

Antoine valait mieux que sa théorie. Au fond, toute nouveauté le tentait. N'oublions pas qu'il monta *le Canard Sauvage* et par là révéla Ibsen ; qu'il monta *Boubouroche*, type absolu de ce réalisme classique où revit l'esprit de Molière et que Courteline incarna. N'oublions pas, dans l'ordre de la mise en scène, ce qu'il fit pour Shakespeare au théâtre du boulevard de Strasbourg et à l'Odéon. Précédant celles de Firmin Gémier, ses évocations marquent une date. Mais ce qu'il conviendrait de souligner surtout, c'est la portée à la fois technique et morale de son effort initial. Pour changer le théâtre, il résolut avant tout de changer l'acteur. L'enseignement, par ailleurs plus complet, mais souvent mécanique du Conservatoire, avait codifié et monopolisé les moyens de jeu dont nous disposions. Il fallait les revivifier, au risque de créer un autre poncif plus vulgaire. Lorsque la vulgarité tombe, on peut trouver dessous le naturel ; c'est ce qui arriva. Le naturel n'est pas tout, je tiens à le répéter, mais c'est un bon point de départ dont ne saurait se passer l'artifice, la convention dramatique, pièce essentielle de notre art. De même je dirai que la « tranche de vie », grand cheval de bataille du « naturalisme », ce n'est pas le théâtre — oh ! tant s'en faut ! — mais le théâtre y peut tailler.

Bilan de la réforme : certain naturel retrouvé et le style perdu, ou plus exactement sa perte consommée. Par quelle porte rentrera le style, partant la poésie, partant l'art dramatique de toujours ? C'est ce que nous verrons dans ma dernière causerie.

Chapitre IV
Du Vieux-Colombier au Jeux pour le peuple fidèle.

Nous serons bientôt parvenus au terme de cet exposé. Je ne vous le donne pas pour complet, ni en ce qui concerne le passé le plus lointain, ni en ce qui concerne le passé le plus récent. Pour le premier, on ne saurait m'en tenir rigueur : je n'ai pu faire état que de ce qu'il me proposait comme digne d'attention et comme matière d'exemple. Il est bien évident que le théâtre du xviie siècle, pour m'en tenir à lui, ce n'est pas Corneille, Racine et Molière tout seuls ; il n'est même pas sûr que leurs contemporains eussent le sentiment de leur prééminence. Cent autres comédies entourent, soutiennent et expliquent la comédie de Molière. Cent autres tragédies la tragédie cornélienne et racinienne. Mais, généralement, tous les auteurs comiques ou tragiques contemporains, travaillent dans leur partie sur une esthétique donnée et reconnue pour bonne, j'ajouterai même sur une éthique imposée à tous par les mœurs. Ce concours d'effort dans un même sens, sous un même climat, c'est ce qui fait un âge dramatique (ou poétique, ou pictural, ou musical) ; c'est cc qui permet les chefs-d'œuvre. Le chef-d'œuvre naît très rarement isolé aux époques qui possèdent une unité de culture — et ce sont les grandes époques, celles qui produisent les chefs-d'œuvre, sauf exception. Il était donc convenu entre nous qu'en parlant d'eux je sous-entendais tout le reste ; je ne pouvais faire autrement.

Le passé immédiat, en l'espèce, le xixe siècle, à plus forte raison le début du xxe, ne se laisse pas si facilement circonscrire. Le recul est insuffisant, les grandes lignes se dégagent à peine, le choix certain commence seulement à s'indiquer. Et la tâche devient d'autant plus malaisée qu'à cette époque où vécurent nos grands-parents, où nous commencions à vivre nous-mêmes, la multiplication des théâtres et des publics devait nécessairement entraîner une multiplication illimitée des auteurs, des pièces, des genres. Si j'ai décrié notre temps, croyez que je l'admire aussi. Jamais peut-être à aucune époque passée, même les plus fécondes, on ne fit dans l'art dramatique, comme d'ailleurs dans tous les arts, une aussi grande dépense de talent. Non, les œuvres ne manquent pas ; mais l'œuvre manque, ou, plus précisément, l'étroite parenté entre les œuvres, même incomplètes, même secondaires, même ratées, laquelle permet seule à une œuvre de naître et, naissant, de vivre et durer.

Cependant, n'exagérons rien. Qui sait si la postérité — qui les sauvera, j'en réponds — ne désignera pas comme représentatifs de l'art dramatique de leur époque, encore que celle-ci les ait parfois traités fort mal, les principales fantaisies de Musset pour la période romantique ; deux ou trois comédies bourgeoises d'Augier, *le Faiseur* de Balzac et quelques vaudevilles de Labiche dans l'entre-deux ; et, pour la période naturaliste, le chef-d'œuvre de Becque et, en marge, un bouquet de farces de Courteline et de Feydeau ? Qui sait si ces divers ouvrages ne prêteront pas à leur temps, aux yeux de l'avenir, une sorte d'unité factice que les manuels consacreront. Ce tour de passe-passe qui n'est pas neuf a toujours permis de s'y retrouver dans la masse des productions dont nous recevons l'héritage.

Mais le passé d'hier, que nous touchons encore de la main, comment le résumer, le caractériser sans injustice ? C'est un des devoirs du critique ; il se trompe souvent : il suffit de lire Sainte-Beuve pour s'en assurer, qui a méconnu tant de valeurs sûres, lui toujours infaillible dès qu'il jouit d'un certain recul. Mais s'il tient à aider son temps, à y voir clair, à se dégager de la confusion environnante, s'il veut encourager les producteurs dans la direction qu'il croit bonne, il doit assumer ce devoir, en dépit du risque à courir. Le devoir du producteur, qu'il écrive des pièces ou les porte à la scène, ne saurait être moins impérieux. S'il refuse de prendre une position ferme, un parti pris étroit et même violent, s'il veut demeurer équitable envers ses confrères, il se condamne à la stérilité. Je vous ai prévenu en commençant que je ne parlerais pas en critique mais en auteur, en producteur et même en entrepreneur de spectacles. Je donne donc mon exposé non seulement comme incomplet, mais comme résolument partial.

I.

J'ai dit, un peu brièvement, où nous en étions quelques années avant la guerre. Chez les auteurs, l'hérésie du « naturalisme » a déjà porté tous ses fruits : le Théâtre Libre est partout ; il a ramené l'attention sur une certaine vraisemblance extérieure qui porta quelques-uns à un souci plus grand de la vérité intérieure. Mais les sujets restent très limités. Nos psychologues de théâtre — ou se disant tels — exploitent surtout l'adultère — qui n'est tout de même pas assez répandu pour prétendre représenter notre activité principale — et en conséquence le ménage à trois ; on ne s'arrêtera pas là. En regagnant un certain naturel, on a, je l'ai noté aussi, perdu toute notion du *style*. Il faut revenir sur ce point.

Le *style* qui est, en somme, la poésie propre au théâtre (vous savez comment je l'entends) s'est réfugié dans la poésie pure ; et la poésie pure de ce temps, la poésie dite symboliste, est bien la plus fermée, hormis quelques exceptions, qu'aucun temps ait jamais produite. Plus subjective encore que la poésie romantique, elle est conçue pour le plaisir secret, égoïste de son auteur. À peine si elle admet quelques initiés. Elle crée donc chez le poète les dispositions les moins favorables à inventer et à projeter au dehors des personnages distincts de lui, à échanger avec un peuple ses pensées. C'est pourtant des cénacles du symbolisme que vont sortir Maurice Maeterlinck, Paul Claudel, et aussi, pour notre malheur et notre honte, Henry Bataille. Je pourrais citer d'autres noms auprès des leurs ; mais qu'il s'agisse d'Émile Verhaeren, de Francis Vielé-Griffin, ou d'André Gide, nous avons affaire avec eux à des littérateurs surtout poètes, dramaturges par occasion : toutefois, leurs efforts ne seront pas perdus et ils profiteront aux dramaturges de carrière. La réaction idéaliste, pour ne pas dire poétique, est donc représentée surtout par les trois premiers, auxquels j'ajouterai Maurice de Faramond et, aux frontières du naturalisme, Curel. Je passe sur Hervieu et je mets à part Paul Bourget, plus romancier que dramaturge, ainsi que Rostand qui n'apporte rien, sinon un dernier lustre au drame picaresque selon Hugo. Il va de soi que des ouvrages conçus exclusivement pour le livre comme ceux de Villiers de l'Isle-Adam, d'Élémir Bourges, de Péladan ne sont pas de notre ressort.

En face du *Théâtre Libre*, le théâtre de *l'Œuvre* s'était fondé avec Lugné-Poë pour animateur et sa femme, Suzanne Després, une admirable comédienne. Champ de bataille de la poésie symboliste, celle-ci n'y remporta aucune victoire décisive. Elle y présenta des poèmes, comme *la Gardienne* d'Henri de Régnier, plus tard *Un Jour* de Francis Jammes, aussi peu faits pour le théâtre que poème peut l'être. On y joua peu Maeterlinck, très tard Claudel ; les auteurs étrangers y occupaient presque toute la place ; je reviendrai sur eux. Savez-vous quel est, à mon sens, le titre principal de *l'Œuvre* à la reconnaissance des amis de l'art dramatique ? La représentation d'*Ubu Roi*, dans un concert de cris d'oiseaux, de sifflets, de protestations et de rires ; car j'y étais présent. Le collégien Alfred Jarry, pour se moquer d'un professeur, avait sans le savoir composé un chef-d'œuvre, en brossant cette charge sombre et sommaire à la manière de Shakespeare et du théâtre Guignol. On en fit la satire épique du bourgeois, du bourgeois cupide et cruel improvisé meneur de peuples. Qu'on lui attribue le sens qu'on voudra, *Ubu Roi* de Jarry, c'est du théâtre « cent pour cent », comme nous dirions aujourd'hui, du théâtre pur, synthétique, poussant jusqu'au scandale l'usage avoué de la convention, créant, en marge du réel, une réalité avec des signes. Il convenait de saluer ici Alfred Jarry, le précurseur. Il ne fut pas suivi.

Cependant Maeterlinck inventait un frisson nouveau, en animant, hélas ! des ombres. C'est de lui que date, si je ne me trompe, ce théâtre d'atmosphère où le milieu dans lequel respirent et s'agitent les personnages, plus important qu'eux-mêmes, les dissout. Leurs sentiments, non plus « explicités » par la parole comme dans la tragédie classique, non plus, « implicités » par l'action comme dans le drame de Shakespeare... et de Jarry, ressortissent à l'inconscient. Un grand mystère plane alors sur le drame. Je n'exclus pas du drame, par principe, le mystère et l'inconscient, car tout y a sa place. Mais l'exploitation de ces deux éléments n'est-elle pas plutôt l'affaire de la musique que du verbe ? Aussi bien j'ai montré jadis, dans un chapitre de *Nos Directions*, comment le drame symboliste selon la formule de Maeterlinck, insuffisamment soutenu par des artifices tout littéraires, répétition de mots, balbutiements, ne se réalise complètement que dans sa forme musicale, lorsque *Pelléas* se confie au génie de Claude Debussy. Un art dramatique parlé, le seul qui présentement nous occupe, ne saurait se tenir si près des frontières de la musique sans être tenté d'y entrer. C'est son destin, peut-être son devoir. Que s'il n'y entre pas, il court le risque d'une hybridité qui le fausse, qui sera funeste à son être même, comme il advient dans le théâtre faisandé du faux poète Henry Bataille. Liquidons son cas sans tarder.

Un Bataille ne se distingue pas par le fond des dramaturges du boulevard. Il est sorti du *Théâtre de l'Œuvre* ; mais il s'est vite acclimaté au milieu où il devait faire sa carrière. Les sujets qu'il traite, les êtres qu'il peint, pourraient être peints ou traités par Henry Bernstein. J'aime infiniment mieux Bernstein, je vous l'avoue. Il est franc ; il se donne pour ce qu'il est ; il a fixé les lois d'une sorte de mélodrame réaliste, aussi sommaire que brutal, qui aura longtemps son public. Si chez lui la matière humaine est grossière, elle est traitée avec force et décision. Ses moyens sont directs et, ma foi, traditionnels : ils ne vous prennent pas de biais. Sa langue est banale, mais dépouillée ; pas la moindre prétention à la littérature dans son cas. Henry Bataille, parmi ses pairs du boulevard, réclame pour lui une place de choix ; il pose au poète, à l'artiste. Il faut avoir lu ses préfaces pour mesurer l'ambition de sa visée. Il veut porter sur le théâtre non l'image de quelques hommes, mais tout l'homme, non quelques aspects de la vie, mais toute la Vie — oui, la vie avec un grand V, c'est-à-dire : le drame et la poésie, le conscient et l'inconscient, tout le réel concret, tout le mystère — en un mot l'univers entier. D'aucuns diront que c'est une conception catholique. En effet, mais sans loi, sans dogme, c'est-à-dire : sans ordre, et il s'agirait de savoir dans quelles conditions et à quel point une scène munie de tous les perfectionnements techniques pourra jamais donner l'illusion du « microcosme » au spectateur de bonne volonté.

Tout n'est pas utopique dans ses ambitions. Il insiste sur la valeur du silence, de la musique.

« Tenez, vous êtes là, vous pianotez deux mesures de piano et personne ne peut savoir ce que je mets d'amour dans ces deux mesures… Comme c'est vous, cet air-là ! »

Il écrit encore :

« L'exclamation pure équivaut maintes fois à la phrase. Quant au pathétique du geste, du silence et du bruit, par quoi les remplacer ? »

Au fond, il laissera au spectateur le soin de deviner ce qu'il y a derrière un cri, un silence, un soupir, deux ou trois notes et il chargera le metteur en scène, le décorateur, l'électricien, le violon solo, l'orgue de Barbarie, le chanteur des rues dans la cour ou le piano à l'étage supérieur, d'exprimer ce qu'il n'a pas dit et ce qu'il était bien incapable de dire. Telle est pour lui la poésie. Notez qu'aucun de ces moyens ne déshonore un dramaturge, mais à condition qu'il n'en use qu'à bon escient. Il ne faudrait pas qu'il en profitât pour se dispenser de penser et de préciser sa pensée, d'écrire, de préciser ses mots. « L'école du silence » est fondée. Place au metteur en scène, seul maître du texte et du jeu ! « Sire le mot » est remis à sa place, toute accessoire ; ce n'est plus lui qui dessine le drame, qui le règle, qui le construit. Une esthétique comme celle de Bataille est proprement l'ennemi du dessin, par conséquent de l'art des maîtres. Le drame se fond dans une vapeur.

Comment, en décriant le mot, Bataille est tombé dans l'abus des mots, dans la fausse émotion, dans la fausse poésie, dans la pire littérature, c'est ce que ses ouvrages, avec des qualités certaines, nous prouvent surabondamment. Ses personnages baignent dans une sorte de sauce lyrique qui ne tarde pas à dissoudre ce qui leur reste de réalité. A-t-il été le précurseur de ce théâtre synthétique entrevu par Wagner à l'imitation des Grecs ? Il en était persuadé. Mais ce qu'il appelait synthèse était mélange, mixture, macédoine ; cela devait aboutir au néant.

À la réflexion, son esthétique sort directement de celle du Théâtre Libre qui tendait à reproduire exactement les apparences du réel. En l'étendant jusqu'aux sphères de l'invisible, elle ne la contredit pas, elle l'aggrave. L'une et l'autre oublient que le mot est le noyau germinateur. Devant être parlé, il doit d'autant plus être écrit, d'autant plus fort, plus strict, plus chargé de sens et de vie : il porte dans l'instant et il n'admet pas de délai. L'une et l'autre oublient que la vérité au théâtre s'inscrit dans une convention à laquelle n'échappe, en fait, que l'âme du comédien possédé par son personnage. Tout le reste y est faux semblant et, singulièrement, le décor. La forêt, la ville et la mer n'y seront jamais que de la toile peinte. *Autre notion de l'espace*, qui ne s'enferme pas entre quatre murs. *Autre notion du temps*, qui court moins vite à notre montre. *Un langage de signes*, voici ce que le théâtre requiert. À ce compte, il sera permis d'évoquer la plaine et la mer, la montagne et la ville, et même le ciel et l'enfer comme dans les mystères du Moyen-Âge, *sans les représenter*. Ou bien, enfermons-nous à tout jamais dans un salon bourgeois, un cabaret, une mansarde, exactement figurés, éclairés, meublés ; si nous avons du goût nous obtiendrons d'agréables tableaux de genre ; ils n'ajouteront rien au drame et ils ne l'exprimeront pas.

J'aurais voulu pouvoir m'étendre davantage sur l'œuvre dramatique de Paul Claudel. En lui aboutit, je l'ai dit, la réaction idéaliste ou plus exactement spirituelle dans le drame, plus sainement qu'en Bataille, plus fortement qu'en Maeterlinck. Dramaturge et grand dramaturge, il est d'abord écrivain — et grand écrivain. Il ne compte pas trop sur le silence, sur le décor et sur les projecteurs pour dire ce qu'il n'a pas dit, ou ce qu'il a dit sans le dire. Pas assez peut-être, et il en dit trop. Nous assistons ici au conflit le plus pathétique qui se soit produit chez un homme entre le dramaturge et l'écrivain : tour à tour ils se serviront et se desserviront l'un l'autre. Le tempérament lyrique est peut-être trop puissant chez Paul Claudel. Il a été encouragé, en outre, à tout l'excès possible par le milieu fermé où il a pris conscience de lui-même, par les maîtres qu'il s'est donnés, par la solitude où il a vécu. Son tempérament dramatique n'est pas moins riche et violent. Le débordement du lyrisme aidant, à l'avance bridé par les conditions actuelles du théâtre, peut-être s'est-il résigné à considérer le drame tel qu'il le concevait comme irréalisable au jour présent. C'est pourquoi il aurait laissé libre cours à ses mots et à ses images ; il a tout mis dans son texte, même le décor, la lumière, l'accompagnement musical, les bruits de scène. Convention géniale, mais qui outrepasse le but. Lorsque la phrase se dépouille, que les êtres, s'entrechoquant, échangent des répliques rapides, concises et profondes, n'est-ce pas malgré lui, sous la contrainte de l'action parvenue à son paroxysme ? Certaines scènes de *l'Échange* et de ses premiers drames en témoignent et ce n'est rien de moins que la réhabilitation du *style* dans le dialogue théâtral.

De *la Ville* à *l'Otage* on peut suivre aisément le mouvement ascensionnel du dramaturge qui, surmontant peu à peu son lyrisme, sans cependant y renoncer, cessant de le subir pour s'en nourrir, met enfin le pied sur la scène, y réclame accès, s'y implante ? et essaie de s'y imposer. Le second acte de *l'Otage* et *l'Annonce faite à Marie*, moins dépouillée pourtant, sont, à mon sens, les deux sommets de son œuvre dramatique : personne n'a rien écrit de notre temps qui les dépasse et même les égale, scéniquement parlant.

La vraie conception catholique du drame, avec le dogme, avec la foi, c'est celle de Claudel, fermement fondée, scellée, ordonnée. L'homme à sa place, Dieu à sa place, l'univers évoqué par les plus beaux accents et, sous la main de Dieu, les âmes qui s'affrontent. Telle est la substance d'une œuvre centrée sur le divin, construite par le dedans semblable à un énorme chêne tout feuillu, dont le moindre bourgeon reçoit la sève originelle. En dépit de son abondance, pas un soupçon de gratuité ; elle ne concède rien à l'ornement. En ce sens, on pourrait la dire classique.

On a douté longtemps de son pouvoir proprement dramatique. Quelle surprise heureuse à la première représentation de *l'Annonce*, assez médiocre cependant, de constater que ce style tendu, noué, devenait plus lisible à la scène que dans le livre, signe éclatant du verbe dramatique, justification du mot !

Pourtant, la lutte continue. Jusqu'à nouvel ordre, le grand Claudel dont l'art est fait pour d'immenses espaces, étouffera dans un théâtre de cénacle, à demi clos. Notre temps lui a refusé les moyens d'exercer son art ; son long exil ne lui a pas permis de le pétrir dans sa matière même : une scène, un public ; il s'est trop longtemps résigné à ne parler qu'à des initiés. C'est sa faute ; c'est notre faute. En un temps d'élites plus vastes, moins divisées entre elles et communiquant avec le grand nombre, *et* son lyrisme se fût développé moins librement, *et* sa pensée exprimée plus ouvertement, *et* l'épreuve de la scène lui eût plus tôt enseigné les lois de l'échange, *et*, en milieu catholique, à une époque catholique, il eût obtenu du public un unanime acquiescement.

Quelles que soient les variations de la mode, Claudel n'en restera pas moins Claudel — et il n'est pas au bout de sa carrière. Quand on le nomme, on ne peut songer qu'à Eschyle, qu'à Shakespeare, qu'à Calderon : quelques restrictions pèsent peu devant cette parenté magnifique. Moins français qu'européen, et moins européen qu'universel, il fait d'autant plus honneur à la France.

Et cependant, le « claudélisme » ne semble pas devoir fleurir sur la scène d'ici longtemps. D'un art qui n'appartient qu'à son auteur, nous pourrons prendre des leçons, non des exemples. Des leçons de noblesse, de plénitude, de concentration. Mais l'imiter serait folie. Comme tous les génies qui dépassent leur temps, Claudel demeurera un solitaire. Il a influencé le lyrisme français — et pas toujours, en bien ; le théâtre français, très peu ou de très loin. Contentons-nous d'exercer notre humble métier à son ombre.

II.

Parler du mouvement « symboliste » au théâtre et ne pas mentionner les dramaturges scandinaves qui auront tant pesé sur lui serait impardonnable : Bjornson, Strindberg, surtout Ibsen. De celui-ci spécialement, le snobisme des « purs esthètes » s'empara ; mais on se trompa sur son compte. On le prit tour à tour pour un symboliste intégral et pour un auteur de pièces à thèse, alors qu'il est, tout simplement, un bon réaliste bourgeois qui use des symboles et ne fait pas fi des idées. Il fut joué à contre sens, dans un mouvement d'enterrement et sur un ton de psalmodie. Lui si vivant, si naturel, ne nous enseigna que l'ennui, la prédication morose et l'affectation de la profondeur. En vérité, il fut trahi et ne nous causa que du mal.

Fut-il pour quelque chose dans le demi échec d'un dramaturge aujourd'hui oublié qui disparut trop tôt pour donner toute sa mesure, Maurice de Faramond ? Je le crains bien. Celui-ci inventa une sorte de réalisme synthétique, très proche du symbole, dont la *Noblesse de la Terre* est l'exemple le plus parfait. Quant au drame d'idées, seule forme acceptable de la « pièce à thèse » selon Dumas fils, elle ne réussit à vaincre ce qu'elle a en soi d'anti-dramatique que dans les œuvres souvent fortes de François de Curel, *la Part du Lion, la Nouvelle Idole* ; il convient de ne pas confondre ce noble artiste avec les médiocres « naturalistes » au milieu desquels il s'est révélé. Il serait trop long d'expliquer ici pourquoi la scène ne peut être un champ de bataille pour les idées, hormis dans la comédie satirique, si celles-ci n'ont pas été préalablement digérées par des personnages de chair et d'os qui les expriment en vivant. Maurice de Faramond et François de Curel auront réalisé plusieurs fois ce miracle. Leur descendance fut complètement indigne d'eux, et leur effort est encore à reprendre.

Trop de virtualités, trop de routes diverses, également praticables peut-il sembler. Une seule, une bonne, vaudrait mieux. L'art dramatique qui se cherche est condamné à la dispersion, en raison même d'une complexité qui pourrait porter le nom d'anarchie. Et cependant, à l'avant-veille de la guerre, après Antoine, après le symbolisme, on a le sentiment que toutes les formes en faveur auprès du grand public et auprès de l'élite, qu'elles aient été esquissées ou épuisées, marquent un temps d'arrêt dans leur développement. Je mets à part bien entendu les aimables divertissements parisiens qui font florès au Théâtre des Variétés et ne s'accordent aucune importance : la mousse de champagne de Flers et Caillavet, fils de Meilhac et Halévy, et l'ironie souvent charmante de Capus, de Donnay, ceux-ci plus près de la vérité dramatique que le faux psychologue Porto-Riche surnommé le Racine juif ;

ils sauvent les notions de plaisir, d'élégance, et même de sensibilité poétique : lisez *Amants*.

Ceux qui se prennent au sérieux, voire au tragique, Bernstein et Bataille sont toujours rois.

Un art se renouvelle généralement par sa technique. Or, dans le même temps, diverses tentatives curieuses d'élargissement et de libération se manifestent dans la mise en scène. Il suffit de citer les interprétations shakespeariennes d'Antoine et de Gémier chez nous, celles de Gordon Craig en Angleterre, d'Appia en Italie, de Max Reinhardt en Allemagne, les recherches décoratives de Jacques Rouché au Théâtre des Arts, les Ballets Russes de Serge de Diaghilev et, sur le plan classique, l'école de Stanislavski qui joint le style à la précision du réalisme. Certes, vingt ans plus tôt, Lugné-Poë avait fait appel — pour encadrer les poèmes symbolistes très peu scéniques qu'il montait à *l'Œuvre*, à des peintres nouveaux, Vuillard, Bonnard, Sérusier, Maurice Denis. Mais le problème n'était pas posé sur un terrain précis, solide ; car, il ne suffit pas de substituer au trompe-l'œil du décor d'opéra-comique des toiles de fond de fantaisie, si délicates et ravissantes qu'elles soient, pour mettre le drame en valeur. L'essentiel c'est le *jeu*, ce n'est pas le cadre, ou plus exactement le cadre au service du *jeu*, établi en fonction du *jeu*. Toutes les tentatives que j'ai énumérées tendaient à cette fin plus ou moins explicitement : utiliser avec plus de diversité et plus de liberté les trois dimensions de la scène pour assurer aux drames de Shakespeare une continuité conforme à leur architecture, une présentation modelée sur leur coupe, sur leur courbe mobile à travers l'espace et le temps. C'était faire la part trop belle à l'initiative du metteur en scène ; certains, du moins, en abusèrent. Qui sait pourtant si l'instrument, plus tôt assoupli, plus tôt affranchi, n'eût pas suscité chez les écrivains des vocations et chez les dramaturges des audaces propices à un renouveau ? Mais s'essayant sur des chefs-d'œuvre consacrés, les metteurs en scène devaient tomber dans une virtuosité inféconde, dans une sorte de cabotinage dont le privilège exclusif cessa d'appartenir au comédien. À celui-ci Antoine venait de rendre un grand service en lui intimant l'ordre de renoncer à se pousser au premier plan, de s'incorporer dans l'ensemble ; et il rétablissait ainsi la conception traditionnelle de « compagnie », de « troupe » sans toujours la réaliser.

C'est ici qu'intervient Copeau. Je n'ai pas à le présenter — vous le connaissez —, ni à le défendre — car nous sommes tous ses amis, ses admirateurs, ses disciples. La salle du Vieux-Colombier où nous voici rassemblés n'était encore en 1913 qu'une salle d'œuvre ou de patronage : *l'Athénée Saint-Germain*, où s'exerçaient de ridicules amateurs. Nous voyons ce qu'il en a fait. En somme il est reparti de la crèche, du dénuement total, de la plus authentique pauvreté. C'est ce qu'il fallait au théâtre trop cossu, trop prodigue de ses moyens extérieurs. Sa tentative avait sur toutes celles qui l'avaient précédée, sur toutes celles qui devaient la suivre une supériorité indiscutable, celle de l'esprit. Jacques Copeau savait ce qu'il voulait faire, il en avait pesé les chances, concerté les moyens. Une évidence s'imposait à lui : la primauté essentielle de l'acteur, cheville ouvrière du drame, délégué vivant de l'auteur, instrument et incarnation de son dessein. Tout par l'acteur, tout pour l'acteur ; le reste est superfluité, mensonge. Il dépouilla de ses oripeaux le théâtre et, sur un fond de rideaux gris, demanda au jeu de tout dire, de tout exprimer, de tout suggérer. Par la suite, après la guerre, il devait adopter le dispositif fixe et transformable à volonté que vous avez devant les yeux, multiplier les plans sur lesquels se meuvent les personnages : proscenium, degrés, loggia. Ce faisant, il ne manquait pas au principe qu'il avait posé dès le premier jour : la mise en place, en mouvement et en valeur des éléments humains du drame, selon un certain ordre rythmique et plastique dessinant l'action le plus lisiblement possible, le plus exactement et avec le plus de relief. « Un tréteau, deux bâtons et deux passions » comme dit, je crois, Calderon ; définition essentielle et suffisante de l'art scénique qu'a prise à son compte Copeau.

On aimera ou l'on n'aimera pas un dépouillement si complet. On regrettera les toiles peintes et les planches de bois du théâtre à l'italienne ou l'on préférera les rideaux neutres et le solide plateau de ciment. Cela importe peu. Fiction pour fiction, la scène doit en choisir une : l'art dramatique feint toujours. Quelle sera la feinte, ou plutôt le signe le plus éloquent, le plus suggestif ? Voilà toute la question. Mais l'acteur, lui, n'est pas fictif ; c'est un homme comme tous les autres ; il insère la vie dans la convention : dans d'autres conditions économiques et sociales, il aurait pu être mendiant ou roi. Quand il s'avance sur la scène en haillons ou en manteau d'or, il doit se figurer que, les conditions remplies, il est devenu roi ou mendiant ; rien ne s'oppose à ce qu'il le paraisse et, s'il sent qu'il l'est, il le paraîtra. Entre le personnage conçu par l'auteur et celui que le comédien réalise, une identité complète est possible, à condition que celui-ci ait le moyen de pénétrer à fond son rôle, d'en exprimer et les dessous et les dehors, qu'il sache son métier et qu'il demeure un homme. Alors et alors seulement il sera le bon serviteur de l'ouvrage, le collaborateur fidèle du poète et l'ouvrage vivra vraiment. Ce qu'une pareille conception de l'acteur suppose d'entraînement, de probité et de culture, je ne le dirai pas. C'est l'origine de la *Compagnie* et de l'*École du Vieux-Colombier*.

Ainsi la mise en scène et le comédien vont retrouver leur sens premier, reprendre leur fonction essentielle et originelle. Rien de plus mais rien de moins que de servir la conception de l'auteur, de la rendre lisible et intelligible sur le théâtre, dans sa forme et son rythme, dans sa convention et sa réalité. Garder le naturel sans le banaliser ou l'avilir, comme l'école naturaliste ; sauver le style sans le gonfler ou le guinder, comme les fossiles du Conservatoire ; vivre en jouant et jouer en vivant : et voilà pour les interprètes. Assurer à ceux-ci un terrain de jeu praticable dans toute sa largeur, sa profondeur et sa hauteur, grâce à divers plans étagés qui leur permettront tour à tour de se grouper et de se fuir, de se diminuer et de se grandir, et de peupler la scène toute entière d'arabesques et de volumes — que les costumes rehausseront de couleurs choisies — selon l'exigence intime du drame ainsi projeté au dehors. Quelques éléments de décors significatifs, la lumière bien ménagée, une discrète intervention de la musique contribueront à l'atmosphère rayonnant du texte et du jeu.

Tels sont les éléments de la réforme scénique de Jacques Copeau. Il ne les a pas inventés, mais retrouvés dans la tradition et ranimés à notre usage. Tous les efforts qui ont suivi, hormis peut-être ceux de Georges Pitoëff et de Gaston Baty, lui sont redevables de leurs principes. Cette révolution poétique, classique, organique, Charles Dullin à *l'Atelier*, Louis Jouvet aux *Champs-Élysées*, Courville à *la Petite Scène* la continuent, la développent chaque jour ; aussi bien Dullin et Jouvet ont appris leur métier sur cette scène. Le Vieux-Colombier est notre père à tous.

Quel instrument pour un auteur ! Il peut servir aussi bien Musset que Molière, Marivaux que Shakespeare ; leurs chefs-d'œuvre, enfin décrassés, ont pris ici une nouvelle jeunesse devant nous, par la conformité de l'interprétation à leur génie. Il a servi André Gide (*Saül*), Jean Schlumberger (*La Mort de Sparte*), Jules Romains (*Cromedeyre le Vieil*), Roger Martin du Gard (*Le Testament du Père Leleu*), Georges Duhamel (*L'Œuvre des Athlètes*), et Mazaud, et Porché, et René Benjamin. J'aurais peut-être autrement conçu, je l'avoue, *le Pauvre sous l'Escalier*, si je n'avais modelé mon dessein sur les moyens qui m'étaient proposés ici où j'ai parachevé mon éducation dramatique. Il me paraît tout spécialement propre à susciter un art en opposition complète avec le réalisme inférieur qui depuis un siècle environ accapare la scène française. Un art libre mais concerté, véridique mais stylisé, solide mais mouvant, et qui ferait le pont entre Musset, Shakespeare et Molière. L'insistance qu'a mise Copeau à encadrer nos ouvrages par leurs chefs-d'œuvre, en dévoilant ses préférences, nous indique, indique aux jeunes auteurs une nouvelle voie, la reprise possible d'une tradition qui vient du plus lointain passé de France, bifurque et se sépare en Shakespeare et en Molière, se reforme enfin en Musset et dont au cours de ces leçons j'ai tâché de tracer la courbe. On nous donnait hier, à l'Atelier, l'*Huon de Bordeaux* d'Alexandre Arnoux ; cet ouvrage fort, exquis et divers nous montre ce qu'on peut attendre d'un retour à la vérité dramatique, en repartant du point où le réalisme bourgeois rompit tout à coup le contact.

III.

Mais ne limitons pas le champ d'expérience qui s'ouvre aux jeunes dramaturges. Il s'en est révélé un certain nombre après la guerre. Je ne dresserai pas un palmarès. Mais il est certain que la scène depuis sa rénovation technique exerce un attrait plus actif sur les nouvelles générations d'écrivains.

Notez que j'ai dit : écrivains. N'oublions pas que la période précédente marquait une tendance très nette à séparer la littérature du drame, et à écarter de la scène les écrivains proprement dits, de la littérature les auteurs dramatiques. C'était une aberration. J'ai trop insisté devant vous sur l'union indispensable de l'écrit et du jeu pour plaider encore sa cause : si tout bon écrivain n'est pas un dramaturge, tout bon dramaturge est un bon écrivain. Mais on dirait que le divorce cesse.

C'est que le subjectivisme est en baisse et par conséquent les cénacles où l'on travaille en vase clos, en dépit de certaines apparences superficielles. On sent partout le besoin de communion ; on adresse partout une sorte d'appel au public ; on s'efforce partout de sortir de soi, de peindre autrui et de communiquer avec autrui. L'échange ne sera pas facile ; car l'anarchie morale et intellectuelle n'a fait que croître et embellir. L'intention y est : tous les partis et même les plus avancés réclament un ordre quel qu'il soit, marxiste, républicain ou monarchiste ; ils réclament *une société*. Je ne dis pas que le théâtre puisse refaire la nôtre ; mais il peut concourir à sa réfection. C'est déjà un signe, un progrès que de voir des hommes de lettres, enfermés jusqu'ici dans leur tour d'ivoire, qui ne croient plus se diminuer en contribuant au divertissement du spectateur. Nous assistons à une réhabilitation du comique : Benjamin, Romains et Marcel Achard. Si l'on tente aussi de ressusciter les plus hautes formes du drame, on tend surtout vers la comédie et la farce ; le drame néo-shakespearien leur fait accueil. La littérature ose rire et ils essaient de faire rire. C'est un retour à la santé.

Le public rira-t-il ? Y a-t-il un public pour rire un peu du même rire — qui n'est pas celui du bas vaudeville auquel on l'a accoutumé ? Quand l'être humain n'est plus centré, il ne rit plus des mêmes choses, il ne pleure plus des mêmes choses. Mais un public nouveau peut naître. C'est pour lui qu'on travaille au *Vieux-Colombier*, à *l'Atelier*, à la *Comédie des Champs-Élysées*, à la *Chimère*, à la *Petite Scène*, même à *la Comédie-Française* où la mise en scène simplifiée, vraiment organique fait des progrès. Ce public neuf se recrute en partie parmi les gens qui n'allaient plus guère au théâtre, des lettrés, des artistes, des hommes de goût. En partie seulement ; ils ne suffiraient pas à remplir chaque soir même une salle minuscule. Imaginez pourtant qu'ils y soient seuls : nous aurons un théâtre clos, pour une élite. Est-ce la conclusion nécessaire de ces efforts ? Je ne le souhaite pas. Nous avons vu par l'exemple de Marivaux comment un théâtre trop raffiné s'anémie, se dissout, se vide de substance et rompt peu à peu avec son objet. Il perd le sens de la synthèse ; il ne maintient plus le juste équilibre entre ce qui est trop rare et ce qui est trop commun, il omet une part de l'homme ; il retourne au jeu subjectif. Il n'est donc pas mauvais qu'un public moyen et divers se mêle à l'élite dans les théâtres où s'élabore l'art dramatique de demain. Mais, de nouveau, la question se pose : Si l'auteur refuse de recourir et aux moyens sommaires qui font le succès d'un Bernstein, et aux procédés de mauvais aloi qui ont fait celui d'un Bataille, et aux gentillesses mondaines, et au sentimentalisme de faubourg, *sur quoi s'entendra-t-on* ?

Vous me direz qu'on pourra s'entendre sur l'homme. Oui, en principe : un auteur touchera la foule à proportion de l'humanité de son art. Il est certains sentiments généraux sur lesquels — en principe, je le répète, — les hommes devraient s'accorder, mais sur lesquels, en fait, ils s'accordent de moins en moins. L'accord, partant la réussite, ne pourront être que fortuits, sur un point vif qui momentanément polarisera et rassemblera une certaine catégorie de spectateurs : une idée qui est, comme on dit,

« dans l'air », une allusion politique, ou un fait scandaleux... Et c'est à-quoi il faut se résigner, et c'est de quoi il faut se contenter. Le risque est grand et la vie faite à l'entreprise sera dure, car cette polarisation ne se réalisera pas à coup sûr. Les débouchés ne seront pas assez nombreux pour permettre à l'auteur qui a quelque chose dans le ventre de produire et de se produire aussi souvent qu'il le faudrait pour poursuivre au théâtre une carrière vraiment normale, celle d'un Shakespeare, celle d'un Molière dont les œuvres poussent les œuvres et naissent sur la scène presque en même temps que sur le papier. Le voici rejeté et isolé dans le cénacle : il aura le sort de Musset. L'instrument existe, c'est un grand point ; mais faute d'un public assuré et uni, il ne rendra pas ce qu'il devrait rendre. On attendra que le public se forme ; on attendra que renaisse une société.

Je connais pourtant un recours, un recours immédiat, mais dont la plupart de nos dramaturges seraient bien empêchés d'user. C'est le recours religieux. Il suppose une foi, une religion et la volonté ferme chez celui qui en est le bénéficiaire d'édifier sur elles son art. S'il ne s'agissait que de moi, je n'y ferais pas même allusion ici. Mais il y a encore beaucoup de catholiques en France, — et un fond catholique permanent. Il peut se trouver parmi eux des écrivains à vocation dramatique qui n'imaginent pas leur art complètement séparé de leur foi. Je leur propose un débouché. Je leur propose de se replacer dans les conditions quasi-idéales de la création dramatique. Je leur propose un instrument et un public. Ils ne renonceront pas pour autant à atteindre fortuitement les habitués des théâtres du siècle, ce public composite et incohérent qu'il n'est pas impossible de ramener à un état d'unanimité suffisante, de temps en temps, sur un sujet heureux. Ils courront leur chance comme tout le monde lorsque l'occasion s'en présentera. Je les invite, par ailleurs, à parler au « peuple fidèle » en se plaçant sur le terrain de la « fidélité » qui leur est commun à eux et à lui. Si l'art est la plus haute expression de l'homme, de quel droit en chasser les sentiments et les pensées par lesquels il s'élève à Dieu ? qui lui défend de les communiquer par le théâtre ? Le théâtre, nous l'avons vu, n'est-il pas né de la religion ? En résumant ; pour terminer ma conception religieuse du théâtre, mes recherches, mes résultats, c'est dans l'intérêt de ceux qui suivront et aussi de l'art dramatique. Je m'abuse peut-être, mais si utopie il y a, elle est fondée sur des principes-sains et fermes, entièrement conformes à l'axiome de Copeau que vous me permettrez de vous remettre en mémoire :

« Il n'y aura de théâtre nouveau que le jour où l'homme de la salle pourra murmurer les paroles de l'homme de la scène en même temps que lui et du même cœur que lui. »

En le posant, après une longue expérience, Copeau reconnaissait d'une façon formelle qu'il ne suffit pas pour s'entendre, d'auteur à spectateur, de partager la même conception de l'art.

À la suite d'un événement qui a bouleversé complètement ma vie, en m'incorporant au « peuple fidèle » dont j'avais déserté de bonne heure les rangs, j'ai songé à mettre mon art en accord avec ma croyance. Ou plutôt non : cela s'est fait sans moi. J'ai rencontré un sujet de drame chrétien, il m'a tenté et je l'ai traité de mon mieux, sans le moindre souci de sa réalisation à la scène, ni de l'accueil qu'il pourrait recevoir. C'est ainsi que sont nés, dans les gourbis du front, *les Trois Miracles de Sainte Cécile*, œuvre surtout lyrique et par conséquent personnelle qui pourrait donc à la rigueur se passer d'interprètes et de public. La guerre s'achevait ; le théâtre du Vieux-Colombier rouvrit ses portes : c'était l'instrument attendu dont j'avais éprouvé la valeur exceptionnelle, en y faisant jouer *l'Eau de Vie*, cinq ans plus tôt. C'est pour lui et non pour un autre que j'écrivis ma seconde pièce religieuse, *le Pauvre sous l'Escalier*. Mais la considération du public, d'aucun public, choisi ou populaire, ne me dirigea en la composant. J'allais courir le même risque qu'en présentant une pièce profane. *Le Pauvre* scandalisa, il émut. Rien de changé dans ma position. Or, mon grand ami, Maurice Denis, me conseilla un jour d'improviser, à temps perdu, une pièce pour « patronage » : la nullité et la bassesse des pièces qu'on y représentait l'indignait et le consternait ; un artiste ne pourrait-il en relever quelque peu le niveau. Pourquoi pas ? J'essayai et j'y mis tous mes soins ; j'ignorais le milieu et son répertoire ordinaire ; je m'efforçai uniquement d'être simple, sincère et direct. Ce fut *la Farce du Pendu Dépendu* qui développait un miracle de la Légende Dorée ; il essuya les plâtres d'un théâtre régulier récemment fondé à Montmartre, en face d'un public auquel il n'était en rien destiné, puis s'épanouit dans son vrai milieu avec une fortune inattendue. Le succès décida de ma nouvelle destinée et m'ouvrit tout à coup les yeux sur la vérité sommeillante que sans doute mille réflexions avaient élaborée en moi, celle sur laquelle précisément je viens d'établir devant vous tout l'édifice d'une dramaturgie : l'art dramatique ne peut vivre dans sa pureté et sa plénitude, que par un accord prévu et voulu entre l'auteur et le public. En somme, l'axiome futur de Copeau : « Il n'y aura de théâtre etc... » Oui, dans mon cas, la pratique aura devancé la théorie ; la théorie l'a confirmée et lui a donné le moyen de s'exercer sans regret ni remords. Découverte sans prix : l'état de communion expressément requis entre la salle et la scène existait encore quelque part ? pour un catholique du moins : dans cet humble et pauvre local que l'on appelle « patronage ». Quelle école d'humilité pour un auteur !

Communion sur le fond et non pas sur la forme. Mais c'est elle que nous cherchons ; avec le temps, la seconde la doublera. Si l'auteur parle une langue suffisamment claire, il ne peut pas ne pas être entendu. Car ici, quand il dit le vrai, ce vrai est vrai pour tout le monde ; quand il dit le faux, il en va de même ; et quand il dit le mal, et quand il dit le bien. Ce public très mêlé, — toute une paroisse — composé d'enfants et de femmes, d'artisans et de bourgeois, de primaires et d'intellectuels, dont l'opinion peut différer sur tout le reste, il n'en a qu'une sur la foi : la même conception du monde, naturel et surnaturel, de l'homme et de ses devoirs, de l'âme et de son destin, du dogme, des préceptes, de la réalité du Dieu fait homme, du Père et de l'Esprit. Je suis chrétien, romain ; cette conception est la mienne. Nous sommes face à face, sur le même plan, — et l'acteur bénévole aussi.

Peu avant de mourir, le traducteur des *Tisserands*, le drame de Gerhardt Hauptmann, avait fait un rêve semblable. « Il dénombrait avec enthousiasme les paroisses de France, chères à Péguy. » Il songeait que chacune possède un patronage et chaque patronage une scène avec des acteurs. Imaginez une littérature dramatique digne de ce nom, populaire et chrétienne, prenant soudain — ou lentement, car il faudra compter avec des résistances, — la place occupée depuis des siècles par des insanités et des médiocrités sans nom. Quelle nouveauté !

Quel rayonnement ! quel bienfait !

Nous voici replacés dans la situation privilégiée du dramaturge chrétien au Moyen-Âge. À défaut de la foule immense qui se pressait aux représentations des Mystères sur les parvis, nous avons devant nous quelques centaines de personnes, image réduite mais exacte de la totale chrétienté, tous les âges, toutes les classes, tous les métiers et tous les degrés de culture, dans l'unité de la foi : *religio*.

Bienfait pour la foi, cela va sans dire. Bienfait pour la culture. Bienfait pour l'art dramatique lui-même qui cesse d'être le privilège du petit nombre et de se développer en vase clos ou à demi clos, ou de s'avilir devant le grand nombre en flattant ses plus bas instincts. Ici, il va falloir parler à tout le monde ; tout le monde n'entendra pas tout, mais tout le monde aura sa part. L'auteur est tenu d'en combler le chacun, le plus raffiné, le plus simple. Problème délicat sans doute ; mais il se posait tel devant Sophocle comme devant Gréban. Il n'est pas particulier à l'art dramatique chrétien : c'est le problème de l'art dramatique tout court, à un certain degré d'ampleur, de généralité et de conformité à sa nature. Je ne dis pas qu'on le résoudra tout de suite. En. milieu catholique, il peut être réalisé.

Les thèmes ? Ils ne manqueront pas. Hormis quelques fabliaux un peu crus, le trésor immense de nos aïeux, plein de gaîté, d'émotion, de foi, qui n'a pas été exploité, ni par le Moyen-Âge faute de maturité, ni par l'âge classique faute d'approbation, ni par le romantisme faute de conviction précise ; celui qu'aurait sauvé et mis en forme le Shakespeare français qui, dans d'autres conditions historiques, se serait levé au grand siècle pour réaliser le miracle du drame chrétien national : la France n'a pas encore le sien. Voilà peut-être l'occasion — unique — de faire repartir le jet du vieil arbre médiéval.

L'instrument ? Il est à former, mais nous savons sur quel modèle : Copeau nous l'a fourni. Les acteurs bénévoles n'auront pas la science ni la souplesse de ceux du Vieux-Colombier. Mais la principale vertu de l'âme — et cela compte pour guider le corps — que l'on s'efforce ici de rafraîchir ou de cultiver chez l'acteur, la sincérité, l'ingénuité, l'acteur de collège ou de patronage la trouvera en lui si nous l'aidons à la chercher. On obtiendra une autre espèce d'émotion et de jeu, sans virtuosité, mais peu importe ; elle aura son charme propre : j'ai pu le constater chez de très jeunes gens. D'où un registre neuf au service du dramaturge. La mise en scène moderne évoluant vers la simplicité et vers la nudité, il ne sera pas malaisé ici de faire quelque chose avec pas grand-chose : un peu de goût y suffira. On se référera aux leçons, aux exemples et aux principes de la réforme de Jacques Copeau.

Reste le public. Mais j'en ai tout dit. À quelques exceptions près, il sera enchanté que nous le délivrions des sottises dont il est abreuvé. Il s'éduquera et il s'étendra. Sa foi et son plaisir l'amèneront à son insu à une conception de l'art moins triviale et moins sommaire.

Il va de soi qu'il faudra accepter quelques restrictions dans l'évocation du mal. Question de sujet : les passions de l'amour ne sont pas les seules bonnes à peindre… Et l'art vit de contraintes. On saura s'en accommoder, puis s'en servir.

Tels sont les faits. Je ne vous entretiens pas de chimères. J'ai personnellement expérimenté tout cela. Ce qui est chimérique, jusqu'à nouvel ordre, c'est l'exploitation du théâtre de collège et de patronage par un nombre suffisant d'auteurs dramatiques sérieux, capables de se soumettre aux lois du genre sans dommage aucun pour leur art. C'est la création de confréries organisées qui joueraient sous les porches de nos églises, à l'occasion des grandes fêtes, pour le « peuple fidèle » enfin rassemblé. Mais si tous nos rêves ne sont pas encore passés dans la réalité, leur réalisation ne tardera plus guère. Je ne ferai pas le bilan de mes résultats personnels. Mais il ne se passe pas de semaine sans qu'un effort s'ajoute à l'autre, en France, en Belgique ou en Suisse, et j'y participe souvent. Je style des acteurs, j'improvise des mise en scène, j'observe mon public… En un mot, je fais mon métier. Il y a des obstacles : ils ne sont pas insurmontables. Il y a des déboires, des catastrophes ; mais à peine une fois sur dix ; et je pourrais citer telles représentations exemplaires qui ne seraient pas déplacées sur la scène où je parle en ce moment : celle de *Sainte Cécile* dans le canton obscur de Palaiseau, celle des *Aventures de Gilles* au Collège de Saint-Aspais à Melun, celle du *Mort à cheval* au patronage parisien de Saint-Roch, et même, récemment, en Flandre sur une scène de petite ville aménagée comme celle-ci ; enfin celle de *Saint Maurice* à l'abbaye de Saint-Maurice, dans le Valais, repris avec la même perfection au patronage de Saint-Roch encore et de Notre-Dame-de-Lorette.

Les faits nous prouvent jusqu'à l'évidence que nous n'avons pas perdu notre temps, que l'idée, en moins de trois ans, a fait un énorme chemin et que l'action l'a suivie. Je ne dis pas que mes pièces sont bonnes ; je dis que mon idée est bonne ; d'autres la reprendront et feront mieux. En attendant j'exerce mon métier dans des conditions que pourraient m'envier les plus favorisés de nos dramaturges. Ce que j'écris pour un public, j'en fais l'épreuve immédiate sur ce public. Sur quinze ouvrages composés depuis cinq ans, j'en ai ainsi éprouvé douze ; le treizième le sera dimanche[2]. Je n'ai aucune excuse si je ne produis rien de bon.

Mais c'est assez parler de moi. Sachez qu'on commence à me suivre. Je citerai Henri Brochet, auteur de charmantes moralités. D'autres, même, m'ont précédé dont j'ignorais les remarquables tentatives : retenez le nom de René Des Granges. On donnera d'ici peu à Auxerre, son *Saint Germain* pour la fête du saint. J'ai reçu moi-même commande d'un *Mystère de Saint Bernard de Menthon* qui sera joué près d'Annecy sur la terrasse du château où naquit le saint au xe siècle, cette fois en plein air. Un pas encore et nous dresserons nos tréteaux sur les parvis.

Le temps peut donc venir — et il n'est pas si lointain qu'on le pense — où un art fleurira d'accord avec son milieu, à l'occasion des grandes fêtes de l'Église. Voici trois ans, personne n'y songeait.

Il n'est pas impossible que dans d'autres milieux où l'on n'épouse pas comme nous la plus ancienne foi et la plus ancienne tradition de la France et où l'on place ailleurs pour elle l'espoir d'une prochaine ou lointaine unité, on essaie d'établir un art dramatique profane sur un vaste plan de communion. Mais quel que soit ce plan, quel qu'il puisse être, j'estime sa solidité et sa réalité indispensables au noble métier que nous exerçons. Un métier, je l'ai dit, qui possède dès à présent tous les moyens de se développer sur une scène. Il ne manque ni d'auteurs, ni de metteurs en scène, ni d'interprètes, mais, sauf exception, il lui manque encore un public.

[1]. Paul Bourget, dans *Portraits d'écrivains et notes d'esthétique*.
[2]. De Henri Ghéon.